図説

英国メイドの日常

The World Downstairs at the Turn of the Century
——The Daily Life of the British Maidservant

村上リコ
Murakami Rico

河出書房新社

図説　英国メイドの日常

序章　メイドの素顔　……4

メイドとは?　……4
働く女性の最大多数　……6
column　階級制度　……9
column　本書の時代背景　……11

第1章　メイドの居場所　……12

壮麗な貴族の邸宅　……12
カントリーハウスの「表側」と「裏側」　……13
「使用人区画」の構造　……16
食べ、憩い、眠る部屋　……19
「階上」と「階下」の人びと　……21
column　英国メイドの風呂・トイレ事情　……24

第2章　メイドの旅立ち　……26

「家を離れて」　……26
仕事をはじめるきっかけ　……28
就職の方法　……30
メイドになるための学校　……31
column　女の子たちと学校教育　……34

第3章　メイドの仕事　……36

「時計仕掛け」のスケジュール　……36
すべての仕事をするメイド　……38
スカラリーメイドの手　……40
キッチンの悲喜劇　……42
装飾品としてのメイド　……44
姿のみえない「家の妖精」　……46

第4章　メイドと奥様　……48

神がさだめた秩序　……48
リワード・ブック　……49
国や教派による制限　……51
奥様と女性使用人の関係　……52
子どもたちとメイドの関係　……54
ひとつになる「私たち」　……56
column　メイドの名前と呼びかけ方　……58

第5章　メイドと同僚　……60

食事をめぐる「しきたり」　……60
沈黙の中の「ディナー」　……62
昇進と摩擦――レディーズメイドの場合　……63
「別格」のナニーたち　……63
よるべない家庭教師　……64
対立の火種　……65
屋根裏部屋の青春　……67
column　メイドたちの食べたもの　……68

第6章 メイドの制服 ……70
「おぞましい」午前用の制服 ……70
黒と白の午後用ドレス ……71
「あこがれの」メイドの制服 ……73
制服代は自腹 ……74
地位を示す、衣服とキャップ ……76
病院のナースと子どものナース ……79
メイドキャップが大嫌い ……81
column モスリンってどんな布？ ……83

第7章 メイドの財布 ……84
初めてのお給料と使いみち ……84
胸ときめくお買い物 ……87
十九世紀末のメイドの年俸 ……88
男女間の賃金格差 ……90
手当て、役得、チップ ……91
ものを壊して弁償 ……94
自転車を手に入れて ……96

第8章 メイドの遊び ……98
いつ、どのくらい休めたのか ……98
門限に遅れた！ ……101
目一杯着飾って、年に一度の里帰り ……102
クリスマスと使用人舞踏会 ……104
ボクシングデー ……105
つくり出す楽しみ、イタズラの数々 ……108
縫い物、編み物、読書 ……110
「ロマンス小説」に夢中 ……112

第9章 メイドの恋人 ……114
ボーイフレンドは「フォロワー」と呼ばれて ……114
メイドの彼氏は「悪い虫」？ ……115
スタッフの職場恋愛 ……116
「ご家族」からのアプローチ ……117
意にそまぬ妊娠、そして…… ……118
彼氏は軍人か警官？ ……119
水面下で進める恋 ……120
長距離恋愛の悲劇 ……121
恋人を文通でつなぎとめる ……124
column 「身分違いの恋」、伝説と現実 ……125

第10章 メイドの未来 ……130
奥様の悩み——ある中流家庭の場合 ……130
メイドが見つからない！「使用人問題」 ……132
女中膝（ハウスメイド・ニー）と呼ばれる職業病 ……133
技術を身につけてキャリアを極める転職例 ……134
女性使用人の頂点、ハウスキーパー ……135
長年勤めた「忠実な使用人」たち ……136
くすぶる不満の声 ……138
メイドの中の階級意識 ……139
姿を消した彼女たち ……140
column 『ダウントン・アビー』に見る「英国メイドの日常」 ……142

参考文献／あとがき ……150

The World Downstairs at the Turn of the Century
— The Daily Life of the British Maidservant

建築家にして美術コレクターのシープシャンクスとそのメイド。19世紀の初め、彼女たちはまだ黒と白の制服を着ていなかった。ウィリアム・マルレディ(1786〜1863)「ジョン・シープシャンクスの肖像を含む室内の図、オールド・ボンド・ストリートの自宅にて」1832年。

序章 メイドの素顔

メイドとは?

百年くらい昔の英国を舞台にした映画を見ていると、黒いドレスの上に真っ白なエプロンと帽子をつけ、リボンをひらひらさせながら立ち働く彼女たちの姿が目にとまる。ちょっとだけ膝を曲げてちょっとだけ頭を下げる西洋式のお辞儀《じぎ》をしたら、そのまま画面から出て行ってしまう。カメラの中心にとらえられることはほとんどなく、どこかあいまいな存在感のまま、通りすぎていく。

彼女たちは、メイド——他人の家に雇われて、給料と住み込む部屋と食事をもらって働く家事使用人だ。中世の昔には男性使用人がほとんどで、貴族や地主、上流階級につきものの存在だった。十九世紀までには女性が圧倒的多数を占めるようになり、中流階級に雇われるメイドの数が激増する。産業革命を経て富をたくわえた人びとは、自分たちは労働者階級ではなく、一段上の身分なのだと周囲に示すため、執事(バトラー)は無理としても、給料の安い未経験の少女一人でも雇おうと必死になっていた。

映画の中で、彼女たちは脇役だ。とりわ

ヴィクトリア時代の中期に風俗画で絶大な人気を誇ったウィリアム・パウエル・フリス（1819〜1909）の「使用人の少女」。上等な服地や装飾、白い手、垂らした巻き毛。労働の現実とはかけ離れた肖像だ。画家自身も本物のメイドをモデルにするのは問題が多いと考えていた。

掃除のさなか、ホームシックの波に飲まれる。彼女たちは10代初めの若いときから、実家を離れて他人の家で働いていた。精細に描き込まれた中流階級の応接間の様子も興味深い。A・アーウッド「最初の職場」1860年。

け同時代の小説や児童文学が原作であれば、主役は当然、中流以上の紳士淑女、お嬢様やお坊ちゃまである。『秘密の花園』（一九九三）で、メアリーの世話をする部屋づきメイドのマーサは、初めのほうこそ印象的だが、後半、庭に舞台が移ってからは、屋敷で留守番となり出番が減っていく。キッチンの下働きをしていた『小公女』（一九三九）のベッキーは、ヒロイン・セーラの苦境を支え、友情を育む役回り。こちらもクライマックスにはすっかり影が薄くなる。原作どおりの展開なら、セーラが大金持ちの令嬢に戻っても、ベッキーの身分はメイドのままである。

『ジキル＆ハイド』（一九九六）や『荊の城』（二〇〇五）など、十九世紀を舞台に、メイドが主役を張る映像作品はいくつかある。しかし、これはどちらも原作は同時代のものではなく、一九九〇年代以降に書かれた「擬ヴィクトリア朝小説」だ。十九世紀英国の文学からは、性の問題や、下品な言葉、冒瀆的《ぼうとくてき》な態度などが慎重にとりのぞかれていた。周辺に追いやられていたメイドの視点をあえて中心にもってくることによって、当時の文学が描かなかった、描けなかった「すきま」を埋めようとしたのだ

ジェームズ・ヘイラー「パーティーの身支度」1866年。女の子のリボンを結び、パーティーに送り出すナース。令嬢の晴れの日にふさわしいふんわりとした白いドレスと、使用人の地味な茶色の服、しかし上質でつやのあるサテン生地とが好対照をなしている。

ろう。

働く女性の最大多数

周辺、とはいうが、人数的にはマイノリティだったわけではない。十九世紀から二十世紀に移り変わる頃、イングランドとウェールズあわせておよそ百三十万人の女性が一般家庭の屋内で家事労働に従事していた。職業をもつ女性の最大多数を占め、三人に一人は家事使用人だったのだから、あまりにもありふれた、見慣れた存在であったはずだ。

彼女たちの姿を写しとった図像は、あちこちにちらばって残されている。有名な画家の描いた風俗画、直接の雇い主である奥様に向けられた家庭雑誌、旦那様の読む知的な風刺漫画誌、お嬢様の少女雑誌、学校を卒業してメイドになろうとする子どもたちへの教訓物語。折々に主人が撮らせたスタッフの集合写真もあれば、なんのために撮ったのだろうか、仕事着ですまして微笑むチープな名刺判写真もある。

誰がそれを描き、撮影し、手に入れ、楽しんだのだろう。媒体によって、彼女たちの表情はまったく違って見える。純朴な田

『禁酒主義マガジン』を小脇に抱えてこっそりウィスキーに手をのばす紳士を、パーラーメイドがからかう。オスカー・ワイルドの喜劇風？　1895年頃。

「ワトソンの比類なきクレンザー」石けんの広告。愛らしく有能で、クリーンなイメージがどこまでも増殖していく。1898年。

ナイフの磨き剤（左）と暖炉に塗る黒鉛（右）の広告パンフレット。銀器は執事、暖炉はハウスメイドの担当だ。1890年頃。

舎娘もいれば、尻軽そうな小悪魔もいる。小山のような料理人もいれば、哀れをさそうほどやせっぽちの少女もいる。いちばん実情に近い顔はどれだろうか。

本書では、十九世紀後半から二十世紀初めまでの英国を中心に、さまざまなタイプの図像を集め、メイドたちの人生を再構築してみたい。「いちばんふつうの女の子たち」を脇役から主役に置き換えて、彼女たちの目線に寄り添いながら、その仕事、喜び、悲しみ、怒り、恋や結婚、未来について考えてみよう。

column

階級制度

英国の社会は、異なる文化を持つ人びとのグループが、明確に分かれた階層をなしている。どこに境界線をひくかには諸説あるものの、ヴィクトリア時代以降は、上流階級・中流階級・労働者階級の三つの階級でとらえるのが一般的だ。この三階級を、19世紀終わり頃の状況で見てみよう。

上流階級

上流階級は貴族と地主からなる。その年収はおおざっぱに、貴族なら1万ポンド以上、地主で1000から3000ポンドくらいあるのがふつうだった。建前としては労働と金勘定には手を染めず、土地からの収入や金利などで働かずに暮らしているものとされた。彼らは社交やスポーツや慈善、国会議員や治安判事などの公のためになる無償の名誉職に時間を費やしていた。

中流階級

中流階級は、金融、貿易、工業などのビジネスで財を成した大金持ちと、英国国教会の聖職者、法廷弁護士、将校以上の軍人、内科医など、伝統的な上位の専門職、加えて公務員、事務員、教職などの仕事に携わる人びとからなった。上位の専門職は、もともと貴族の次男以下がつくものとされてきた職業なので、もし実際に貴族や地主に近い縁戚であれば、上流社会の一員とみなされただろう。上層には貴族をしのぐ莫大な収入をほこる新興成金がいるかと思えば、下限には年収200ポンド足らずの助教師もいた。上層中流階級と下層中流階級（さらに中層も）をはっきり区別することも広く行われている。19世紀全体を通して世の中は豊かになり、中流階級の裾野は拡大した。上層部は土地を買って地主的なライフスタイルを追求し、下層部でも中流の証を確保しようと、こぞってメイドを雇った。この中流階級は、キリスト教にもとづく道徳、堅実な生活態度、紳士淑女らしいきちんとした服装、上品なふるまいなど、もろもろの美点を内包する「リスペクタビリティ」という価値観を共有していた。

労働者階級

労働者階級とは、肉体労働に従事して対価を受け取る人びとだ。環境に恵まれた熟練の職人であれば中流階級の下限に匹敵する100ポンド以上の収入を望める人もおり、「労働貴族」と呼ばれた。しかし多くは50ポンド以下の非熟練労働者だった。メイドはこのグループに属するが、職人的な仕事ではなかったことに加えて女性であるため、受け取る額はさらに少なくなった。

舞踏会の開始には早く、客はまだまばら。明るい色のドレスを映して輝く木の床は、使用人通路のドアからこっそりのぞき込んでいるメイドたちが磨き上げたのだ。ジェームズ・ティソ（1836～1902）「早すぎた到着」1873年。

「配管工の仕事は終わり」——でも、そのぶんメイドの仕事が増えた。消印は1907年。

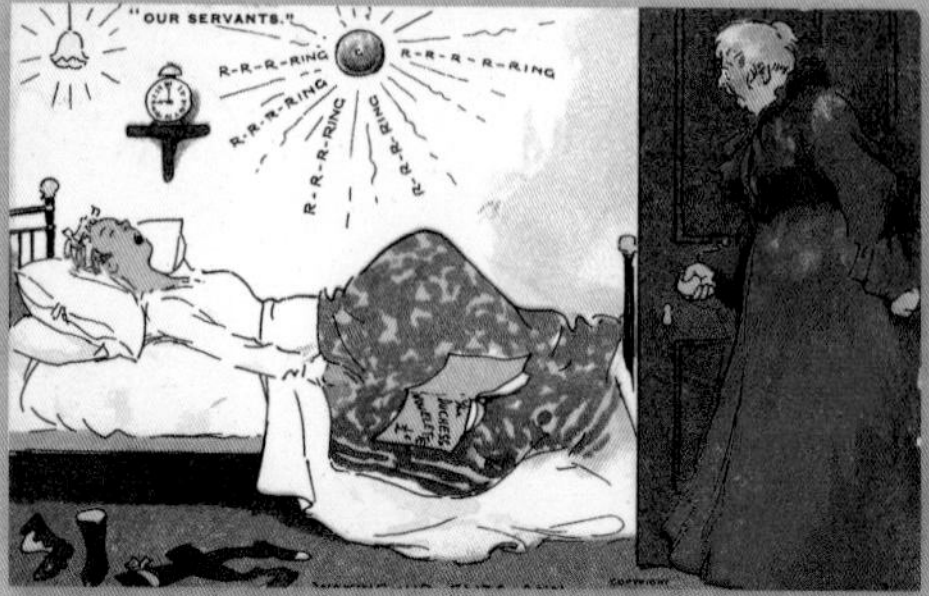

「イライザ・アンを起こす」半ペニーのロマンス雑誌で夜ふかししたメイド。明かりはつけっぱなし、ストッキングは脱ぎっぱなし、ベルは鳴りっぱなし。消印は1906年。

「メアリー・アン、宿屋の召し使い」身分の低いメイドは「スレイヴィー」「スキヴィー」と見下された。消印は1905年。

「キッチンの恋」柵越しに語らう警官とメイド。1900年代。

POST CARD

英国で私製葉書に切手を貼って送ることが認められたのは1894年のこと。以来、さまざまなイラストをカラー印刷した絵葉書がブームとなる。トム・ブラウン(1872～1910)は、家庭生活を題材にしたコミック・ポストカードで人気を集めた。

「ママがコックをクビにするとき」身体が大きく強そうなコックは怖い。消印は1905年。

column

本書の時代背景

本書は、英国のヴィクトリア時代（1837年～1901年）、ならびにその先の20世紀、1930年代頃までの話題を主に扱う。

ヴィクトリアン

ヴィクトリア女王の治世は64年間と非常に長く、そのあいだに社会は大きく移り変わっている。いち早く産業革命を経験し、英国は最大の繁栄期を迎えた。少なくとも19世紀中葉までは確かにそうだった。蒸気機関車に郵便制度、街には馬車が走り、大量生産の食べ物や飲み物をすばやく運んでくれる。日が暮れればガス灯がともり、暖炉には石炭が燃える。店頭にモノがあふれ、暮らしは日ごとに便利になった。

女王は下品なジョークを極端に嫌い、妻として母親として、国民に模範的な家庭像を示したといわれる。1861年に夫のアルバートを亡くしてからは、生涯を喪服姿ですごした。「ヴィクトリアン」――すなわち「ヴィクトリア朝ふう」とは、この時代の、ときに偽善的とも揶揄《やゆ》されるほど、お上品で体面重視の風潮を意味している。

エドワーディアン

黒い未亡人ヴィクトリアが世を去り、放蕩《ほうとう》でならした息子のエドワード7世があとを継いだのは1901年。「エドワーディアン」の雰囲気は、それまでの反動のように明るく華美で、享楽的《きょうらくてき》だった。電話や自動車が、社会の上層部から徐々に普及していき、世の中のスピードは加速していった。

母の治世が長すぎて、エドワードは10年も王座にいなかった。

第一次世界大戦

1910年から1936年まではジョージ5世の時代。けれどこの時期は王の個性より、まず1914年にはじまった第一次世界大戦の深い傷跡とともに記憶されることになる。「クリスマスまでには終わる」と思われていた戦争は泥沼化し、戦うことのできる男はみんな戦地に赴いた。戦死者は英帝国全体で90万人を超えたという。

ひとつめの大戦は1918年に終わり、二つの世界戦争にはさまれた20年ほどは「戦間期」だ。1920年代は「ジャズ・エイジ」、また「狂騒の20年代（ロアリング・トゥエンティーズ）」などと呼ばれる。女の子は髪をおかっぱに切り、コルセットを捨て、スカートは膝を覆う程度にまで短くなった。レコードプレイヤーや映画館が普及し、BBCのラジオ放送もはじまった。

とはいえ、労働する人びとにとっての20年代は、不況の時期でもあった。1930年代には世界恐慌が襲来し、失業率はさらに倍増する。そして1939年、第二次世界大戦が始まり、国民は総力戦に突入していくことになる。

ヴィクトリア女王の即位60周年記念の年に印刷された広告カード。1897年。

エドワード7世の戴冠式の年に印刷された広告カード。1902年。

胃薬の広告。身体より大きく掲げられた国旗と水兵服が愛国心を鼓舞する。1915年。

18世紀の大邸宅「ホーカム・ホール」。イースト・アングリア地方、ノーフォーク州に建ち、現在もレスター伯爵が個人で所有している。

「ホーカム」の建物は、メインホールを中心に、家族用、客用、使用人、図書室の四つのブロックに振り分けられている。「古典様式の図書室」。

「ホーカム」の「大理石のホール」。ローマの古代建築を思わせるパラディオ様式で、足を踏み入れた者を圧倒する華麗さ。

第1章 メイドの居場所

壮麗な貴族の邸宅

「ホールに案内された瞬間、まさに豪華《ごうか》絢《けん》爛《らん》という言葉が頭に浮かんだ。床には美しい絨毯《じゅうたん》が敷かれ、ものすごく大きな階段も絨毯で覆われて、うちの階段の真ん中のところにちょっぴりリノリウムが貼ってあるのとは大違いだった。マホガニーのテーブル、マホガニーのコート掛け、金箔《きんぱく》の枠にはまった大きな鏡――すべてが富のオーラを放っているようだった」（マーガレット・パウエル[*1]　一九二〇年代）

「「ライズ・パーク」邸は本当に大きくて、働き始めた最初の週には家の中で迷子になりました」（アイリーン・ボルダーソン[*2]　一九三〇年代）

彼女たちメイドは、つつましやかな労働者の家に生まれ育ち、それまで接点のなかったような富裕層の家に送り込まれて、家事使用人の生活をはじめることになった。堂々たる外観と、上等な調度品に圧倒されたであろうことは容易に想像できる。

職場の頂点には、田園の大邸宅（カントリ

ウェスト・サセックスに建つ邸宅「ペットワース・ハウス」の宴会場「カーヴド・ルーム」。立体的な木の彫刻が壁を飾っている。1865年頃に家族により描かれた水彩画。

ダービーシャーにあるデヴォンシャー公爵の本宅「チャッツワース」の晩餐室。即位前の若きヴィクトリア女王が、13歳のとき、初めて大人に交じって正式なディナーに出席した場所だ。

かつてハートフォード侯爵によりロンドンのタウンハウスとして使われていた建物。現在は「ウォレス・コレクション」という美術館になっている。

「ホーカム・ホール」の豪奢な客用寝室の一つ。壁にかけられた絵に由来して「オウムの間」と呼ばれている。

＊1　マーガレット・パウエル（1907～1984）
海辺の町ホーヴ出身。教師が夢だったが経済的理由で果たせず、14歳のとき洗濯屋に就職。翌年からキッチンメイドとなり、10年ほど働いたのち結婚する。ラジオで使用人時代の体験を話したことをきっかけに、自伝『英国メイドマーガレットの回想（Below Stairs）』（1968）を出版。料理書や小説を含む多数の著作を発表し、人気作家となる。

＊2　アイリーン・ボルダーソン
1916年、北東部のハルに生まれる。14歳のとき邸宅「ライズ・パーク」にビトウィーンメイドとして就職し、各地の大邸宅に勤める。自伝『カントリーハウスの裏階段の生活（Backstairs Life in a Coutry House）』（1982）。

ーハウス）がある。王族や世襲貴族——公《こう》爵《しゃく》、侯爵《こうしゃく》、伯爵《はくしゃく》、子爵《ししゃく》、男爵《だんしゃく》、その他の伝統的な上流階級の人びとは、代々受け継いだ広大な領地からの収入で、労働とは無縁の暮らしを送っていた。「ファミリー・シート」と呼ばれる本宅のほか、いくつもの別宅を持ち、季節ごとの活動にあわせて世帯ごと移動しながら日々をすごす。

春から初夏はロンドンの季節。議会にも顔を出しながら社交に精を出す。夏から秋まではスコットランドなど狩猟のできる地域へ移動し、鳥撃ちや鹿狩り。地元でクリスマスや新年のパーティーを開き、外国の保養地なども訪れながら、春になるとまたロンドンに出かけていく。

カントリーハウスの「表側」と「裏側」

そんな華やかな暮らしの舞台であるカントリーハウスの内部は「表側」と「裏側」に分けられていた。晩餐室（ダイニングルーム）、舞踏室（ボールルーム）、応接室（ドローイングルーム）、図書室、書斎、寝室など、家族と来客が使う部分は表側に属す

カントリーハウス「アーシィグ(Erddig)」の間取り

屋根裏

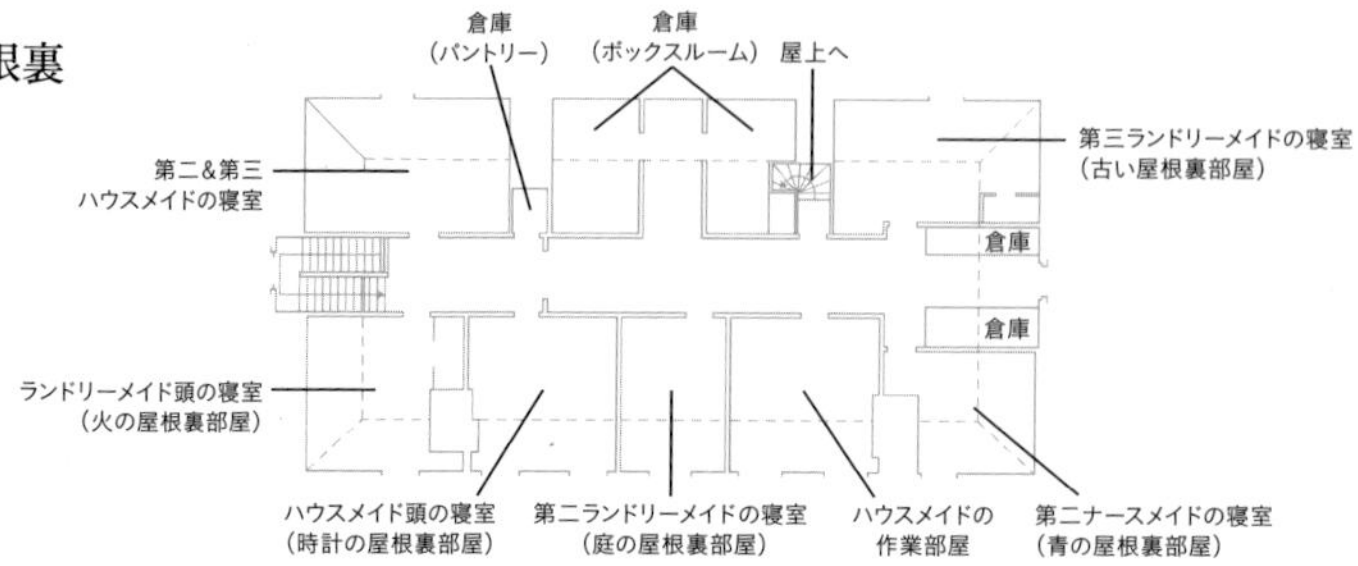

屋根裏部屋はメイドの寝室。それぞれ固有の名前がついている。「火の屋根裏部屋（ファイア・アティック）」は1907年に起きた火事にちなんだ名。

2階

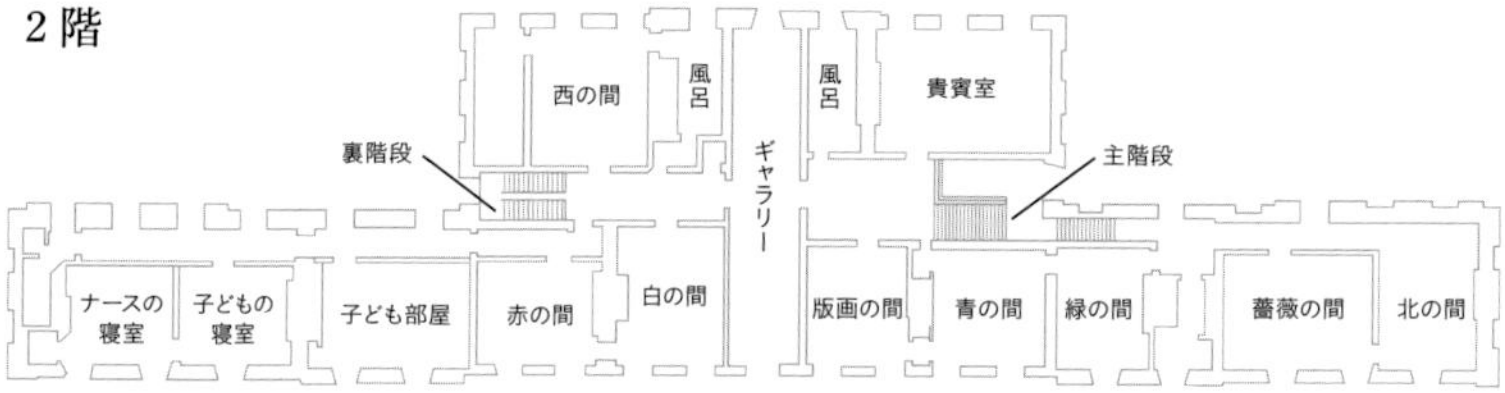

2階は家族と客の寝室、子ども部屋がある。ナースは子どもの寝室の隣に私室を与えられていた。主人用のバスルームにはシャワーがあった。

1階

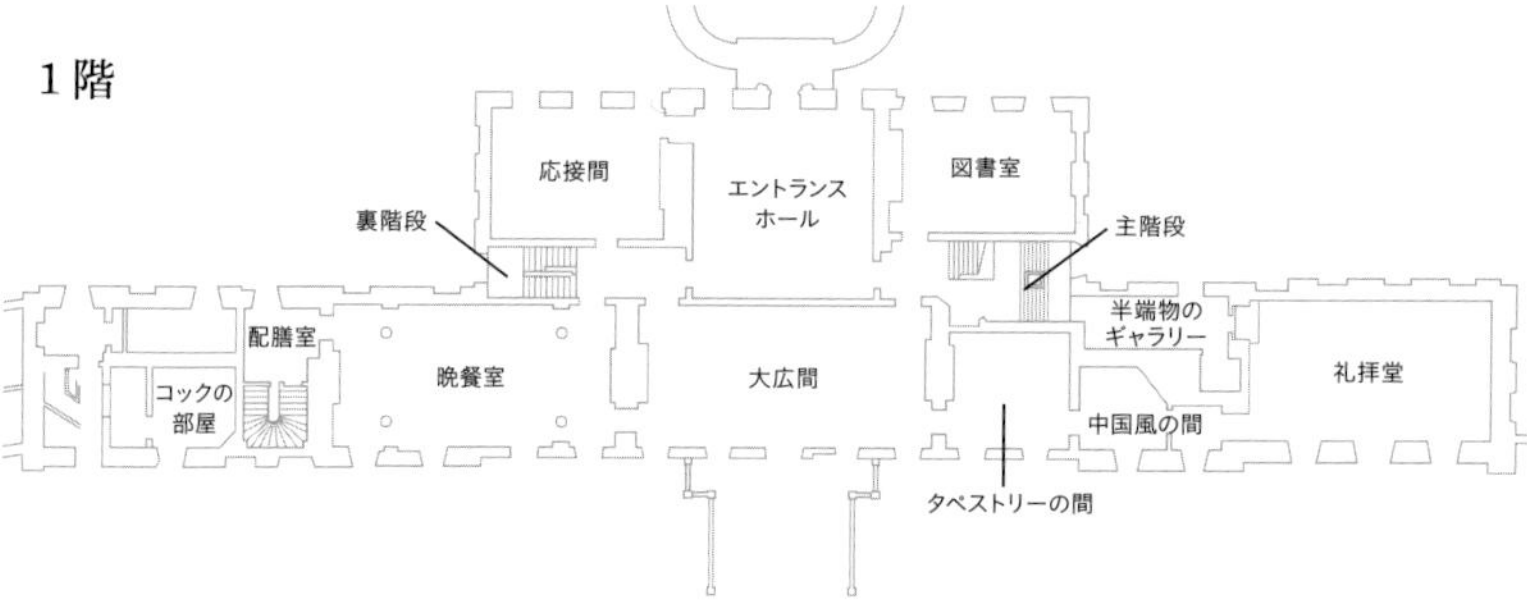

1階は客や家族が昼間に使う部屋が多い。「半端物のギャラリー」には壊れ物や飾りたくないもらい物が放り込まれていた。

半地下階

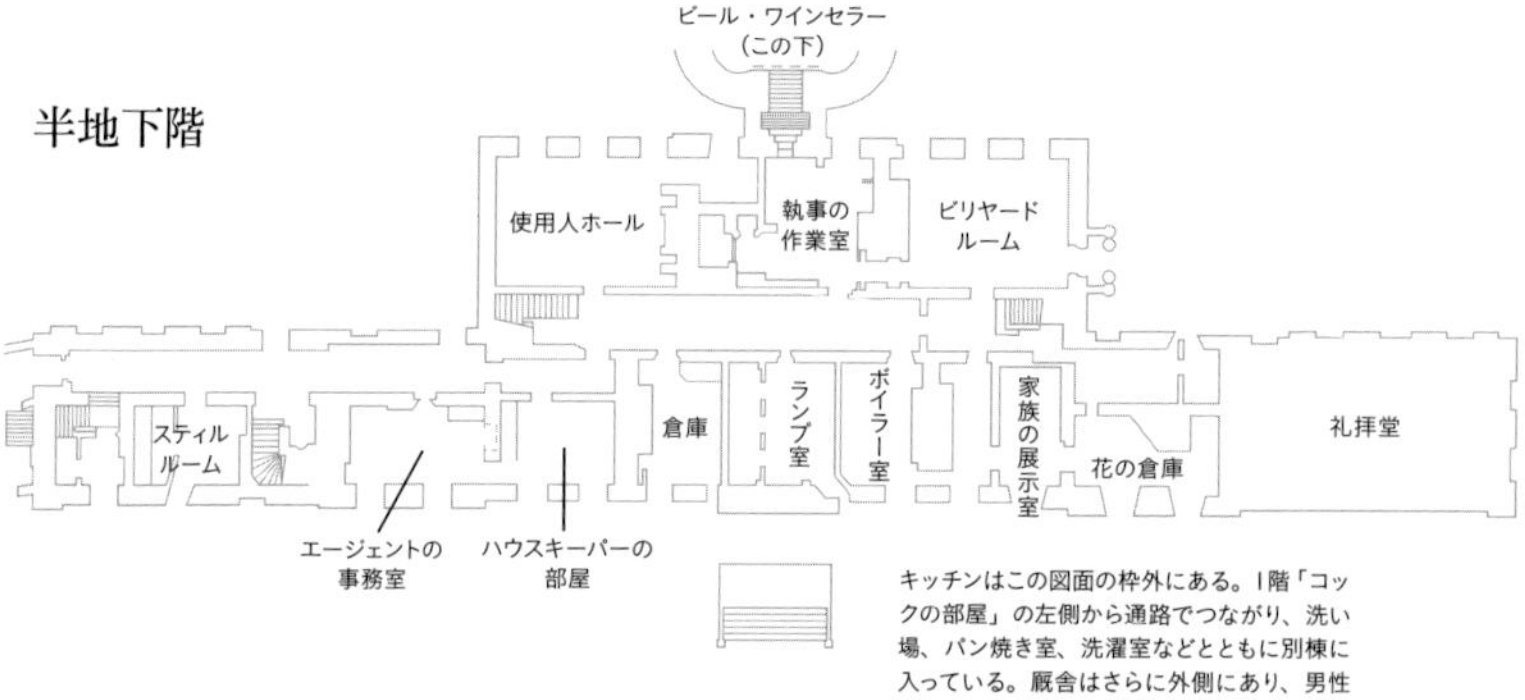

半地下は使用人の領域。この邸宅には19世紀までは家令（スチュワード）がおり、「エージェントの事務室」で経理業務を行っていた。

キッチンはこの図面の枠外にある。1階「コックの部屋」の左側から通路でつながり、洗い場、パン焼き室、洗濯室などとともに別棟に入っている。厩舎はさらに外側にあり、男性使用人の寝室はその上階となる。

トレース：小野寺美恵

北ウェールズの地主の邸宅「アーシィグ」。キャンバスを囲むのが当主のヨーク夫妻と長男のサイモン。1908年頃撮影。

「アーシィグ」の大広間（サルーン）。庭園に面し、おそらくパーティーで客を迎える際などに使われた最大の部屋。1849年に描かれた絵。

1887年に撮影された「アーシィグ」のスタッフ。前列中央がコック＝ハウスキーパー、向かってその右が執事、左のヒゲ面が庭師。前列の両端はレディーズメイド。庭師とその後ろに立つハウスメイド頭は、のちに結婚した。右から3人目の少しぶれている女の子が下級ハウスメイド。残りの女性はランドリー、デイリー、キッチンメイドのどれかと思われる。

る。たいていは一階から二階くらいまでの、便利で日当たりがよく、庭の見晴らしが素敵な場所に配置される。そして「裏側」は使用人の領域だ。規模の大きな家では、表側は家令（スチュワード）か執事（バトラー）を頂点とする男性使用人が仕切り、ハウスキーパーやコックの率いる女性使用人は裏側を担当する場合が多かった。

　表と裏の境界は「緑のベーズのドア」で象徴的に仕切られていた。ベーズとは、ビリヤード台などに用いられるラシャ布のことで、ドアの向こう——使用人側の生活音を聞こえにくくするために使われた。このドアを開いて境界を越えると、様相はあからさまに変化し、新人メイドたちが目を奪われたような豪奢《ごうしゃ》な内装はなりを潜める。急に狭くなった通路の左右の壁には、壁紙はなく白い塗料が塗られ、リノリウムや石張りの床が延々と続く。そして、部屋の中には質素なテーブルと、使い古しで不ぞろいな椅子が待ち受けているのだ。

　前述のマーガレット・パウエルは、厨房《ちゅうぼう》で働くキッチンメイドとして面接を受けにきたとき、たまたま「表側」から入ったのでホールの威容を目にすることになった。しかし、家族の使う玄関と使用人の通用口

スコットランドの邸宅「マンダーストン」で、使用人通路に設置されたベル。階上の各部屋とワイヤで直接つながり、どの部屋から呼ばれたかわかるようになっている。

チェシャーに建つ邸宅「ダナム・マッシー」のキッチン。1883年撮影。使用人区画が非常によく保存・再現されているカントリーハウスの一つで、一般公開されている。

は、ふつうは厳格に分けられていた。彼女自身、その後は一度も正面玄関を使うことはなかったと補足している。

「使用人区画」の構造

カントリーハウスのメイドたちが、多くの時間をすごした仕事場――「家の裏側」を、どこに誰がいて、何をしていたのかに留意しながらひとめぐりしてみよう。

使用人区画を家の中に置くか、別棟を設けてサービス用の通路でつなぐか、地上階にするか、それとも地下階か。家の規模によって、建てられた時代の流行によって、また主人たちが使用人という存在をどうとらえるかによっても、構造には個性が出る。メイドをなるべく見たくない主人の家なら地下や裏通路に押し込められる。ふんだんに作業スペースを与えるべきと考えるようになれば、占有率は大きくなり、用途別の小部屋が増殖していく。ともあれ仕事の担当部署は、おおむね次のような領域に振り分けられていた。

①料理の部署

大きな家ではフランス人の男性シェフ、ないしはほどほどの家なら英国人の女性コックが、キッチンメイド、スカラリーメイドを従えて料理をする空間。キッチンと洗い場（スカラリー）、各種の倉庫などが含まれる。食は生活に必須であって、たとえハウスメイドの作業部屋が省かれることはあっても、キッチンがない家は存在しない。

ふつうは十分な広さがあり、換気を促すために天井は高く、二フロア分の吹き抜けを確保しているところが多い。しかし匂いや湿気を遠ざけるため、食堂や応接間からできるだけ離される傾向もあった。そうなると、料理を温かいうちに届けるのは使用人たちの足だ。食堂の真下にあれば、配膳用のエレベータや専用階段で届けることもできた。

②ハウスキーパーの部署

女性使用人の管理者であるハウスキーパーは、掃除を担当するハウスメイドたちを率いていた。専用の居間を与えられ、事務仕事や、各部署の長を集めての食事の場として使用していた。彼女が管理する日用品や食器の倉庫、リネン庫が付属し、加えて「スティルルーム」と呼ばれる小型キッチンが設けられた家もある。その場合、家族

ハウスキーパーは奥様から指示を受け、その内容を下級のフットマンやメイドに伝える。フレデリック・エルウェル「ハウスキーパーの部屋（または朝の指令）」1911年。

「アーシィグ」のコック＝ハウスキーパー、ハリエット・ロジャーズ。ナースとレディーズメイドを経て昇進し、20年近く女性使用人のトップであり続けた。1911年撮影。

に出されるお菓子や飲み物はこの部屋で、スティルルームメイドを監督しながら、ハウスキーパーが用意した。ビスケット一枚出してもらうのにもハウスキーパーに頼む、という家もあったのだ。

酪農室（デイリー）では乳製品を手作りするデイリーメイド、洗濯室ではランドリーメイドが働いていた。彼女たちもまたハウスキーパーの指揮下ではあるが、仕事の性質上、作業場が屋外に近いところに置かれることが多く、どちらかというと独立した存在であった。

③家族の個人付き部署

雇い主家族の子どもたちは、寝室（ナイト・ナーサリー）と昼間の子ども部屋（デイ・ナーサリー）、勉強部屋（スクールルーム）を与えられ、年齢と性別によっていろいろなタイプのスタッフが世話をした。幼児時代はリーダーであるナースとその補佐のナースメイド、勉強を教わることになったら子守兼家庭教師（ナーサリー・ガヴァネス）、女性家庭教師（ガヴァネス）、男性指導教師（チューター）などが順次雇い入れられた。奥様にはレディーズメイド、旦那様や子息には従者（ヴァレット）がつき、身のまわりの世話

「お説教をお許しいただけますね、奥様？」経験豊富なメイドが若奥様に心構えを指南する。小説の挿絵。『ガールズ・オウン・ペーパー』1885年12月5月号掲載。

お客様が来ると聞いて、相手の身分を主人に訊ねる執事。食事とワインの準備は彼の担当だ。『パンチ』1879年カレンダー。

家族でも客でもない女性家庭教師の難しい立場は、ヴィクトリア時代に風俗画のテーマとして好まれた。エミリー・メアリー・オズボーン「ガヴァネス」1860年。

chapter 1

をする。勉強部屋付きのスクールルーム・メイドもいる。このような個人付きの使用人の部屋は、仕える相手のすぐ隣や上の階に置かれ、呼びつけられたらいつでも参上できるようになっていた。

④執事の部署

規模の大きな家では家令（ハウス・スチュワード）、一般的には執事（バトラー）が男性使用人のリーダーである。家令は経理と人事、執事は酒類の管理が本来の役割だったが、時代がすすむにつれ後者が前者を兼ねる家が多くなった。執事は主人や客に直接応対し、晩餐会などのパーティーを取り仕切る。専用の事務室や作業室（バトラーズ・パントリー）を持ち、部下のフットマンを監督して銀器やグラスの手入れを行った。ワインやビールを保存するセラーは通常、温度や湿度が保たれる地下の北側に置かれ、責任者である執事がアクセスしやすいようになっていた。コックとならんで、酒で身を持ち崩した話が絶えないのもうなずける。

⑤屋外部署（庭園・厩舎・狩猟）

庭師や猟場番（ゲームキーパー）は技術と経験を求められる職であるため、独自の地

1887年10月にノーサンプトンシャーの邸宅「イーストン・ネストン」で行われたキツネ狩りの様子。左から二番目の馬上には皇太子時代のエドワード7世が。

ゲームキーパーは、主人たちが撃つためのキジを育て、害獣を駆除し、密猟者を排除する。おそらく20世紀初頭。

ハンサムなフットマン。真鍮のボタンのついた上着と横じまのベスト、少し短い燕尾が特徴。1890年代頃。

位を持ち、敷地内に妻子と住めるコテージを与えられていた。庭師の部下の若者たちは共同宿舎に住み込んで作業に携わる。家族の行う狩猟や遠乗りに馬は欠かせず、どこに出かけるにも馬車が必須の環境であるため、厩舎《きゅうしゃ》も重要な位置を占めた。一階には馬や馬車や作業場を収め、上階には男性スタッフの寝室が設けられていた。

厩舎のほか、前述の酪農室、洗濯室、ビールの醸造場は、メインの建物に接続されていることもあれば、別棟として建てられ、地下通路でつながっている場合もあった。美しい庭園の下では使用人たちが、石炭や洗濯物やチーズやビールを抱えて行き来していたわけである。

食べ、憩い、眠る部屋

最大級の公爵家となると三百人以上、下位の貴族や上層中流階級の家では十数人の同僚使用人がいる。男女の内訳では圧倒的に女性のほうが多くなっていたが、高給取りで見た目が命の男性使用人たちは、最上層の家にはまだまだいた。しかし女主人、ならびにその指令を受けたハウスキーパーは、スタッフが職場恋愛におちいることを快く思わず、男女の仕事の領域を注意深く分けていた。交流の場所は使用人ホール——下級使用人が食事や休憩をする部屋くらいだったが、そのさいの席も、長いテーブルの両側に男女それぞれの列に分かれて座り、くっついて並ぶのをできるだけ避けるくらいだった。ただし、テーブルの下で

女性家庭教師の寝室。屋根裏のため天井が傾斜している。左端に移動式の風呂桶「ヒップバス」と洗面台がある。家族の部屋とは比較にならない。アリス・スクワイアによる水彩画。

はいろいろなサインが送られていたようである。

夜はというと……男子の寝室は厩舎か母屋の地下、女子は最上階の屋根裏にまとめられていた。それぞれの寝室に行く階段も男女別だったり、上司がいる部屋の前を通らなければ行けない構造になっていたり、

「ペットワース・ハウス」の上級使用人晩餐室。下級使用人のホールは別にある。敷物が敷かれ、壁には絵画がかかり、居心地はよさそうだ。1925年撮影。

chapter 1

さらには相部屋が当たり前だったので、密会はさぞ難しかったことだろう。

激務に疲れてベッドに倒れ込み、家族や恋人を想ってため息をついたかもしれない彼女たちの部屋は、どんなふうだったのだろう。もちろん、多くの家で女王陛下を迎えるためにしつらえられていた華麗な主賓室とは比べるべくもない。一九一三年に十四歳でナースメイドとして働き始めたウィニフレッド・グレース[*1]は、初めての寝室をこう思い返している。

「部屋には、小さい窓がひとつあるきり。天井は板張りではなくて、屋根の木組みがむき出しです。絨毯の敷いてない、むき出しの床には、手洗い用のスタンドに、洗面器と水差し、そして同僚のミリーが外出着を入れていたブリキの箱がありました。私は小さなベッドを彼女と二人で分け合わなければなりませんでした。シーツは、あとでわかったことですが、小麦粉が入っていた袋を洗って縫い合わせたものでした」

二十世紀の初め、アスター子爵の邸宅「クリヴデン」でレディーズメイド[*2]として働いていたロジーナ・ハリソンの部屋は、

外から訪ねてきたメイドを交えて、使用人ホールで楽しいお茶の時間。チャールズ・ハントによる19世紀の絵画。

チェシャーの邸宅「ライム・パーク」の使用人ホール。クロスをかけた長テーブルに簡素な食器とカトラリーが並ぶ。1900〜1910年撮影。

＊1　ウィニフレッド・グレース
ウィルトシャーの酪農家の娘。1899年生まれ。14歳で個人宅の使用人となり、10年後に結婚退職する。当時の生活を細やかに語り、シルヴィア・マーロウがまとめた自伝『イギリスのある女中の生涯（Winifred）』（1991）を出版している。

＊2　ロジーナ・ハリソン
1899年、ヨークシャー地方生まれ。1918年に貴族の令嬢付きメイドとして就職、1929年からアスター子爵夫人ナンシーの個人付きとなる。1964年、夫人の逝去を機に引退。自伝『おだまり、ローズ（Rose: My Life in Service）』（1975）、もと同僚の話をまとめた『わたしはこうして執事になった（Gentlemen's Gentlemen: My Friends in Service）』（1976）がある。

安楽椅子二つにソファまであって、かなり居心地が良かったらしい。ただし、洗濯物の干し場がないため部屋の中にひもを渡してつるさねばならず、「いつでも下着に見られているみたい」だったことをのぞけばの話である。

「階上」と「階下」の人びと

ここまでみてきたようなカントリーハウスの場合は、十二分の居住空間があった。しかし、都市部の小さなタウンハウスに住み、一人か二人しかメイドを雇えないような下層中流階級の世帯では、より貧相な環境になりがちだった。

ロンドン中心部の狭い土地にぎっしり建てられたタウンハウスは、幅や奥行きに限界があることから、カントリーハウスに比べて縦に伸びる傾向にあった。一階から二階あたりまでに食堂、居間、書斎、応接間など、家族と来客のための部屋があり、さらに上階には寝室や子ども部屋が続く。そして屋根裏部屋がメイドの寝室である。

ここでもキッチンは、半地下か裏庭側の目立たない場所にひっそりとあった。道に面した地下室の窓からは行きかう人の足が見える。ヴィクトリア時代の著名な思想家トマス・カーライルの家の場合、メイドが一人雇われていたが、私室はなく、半地下のキッチンにベッドを置いて眠っていたという。

スカラリーや食品保管庫やワインセラー、もしスペースがあるなら使用人ホールや執事の作業室、洗濯室なども、都会ではやはりおおむね地階にもぐっていた。つまりタウンハウスでは、メイドたちの活動領域は原則として地下にあったのである。カントリーハウスでは「表側」と「裏側」の区別をしたが、都市部の家では「階上」と「階下」になる。このことから転じて、雇い主のことを「階上の人びと（アバヴ・ステアーズ／アップステアーズ）」、使用人のことを「階下の人びと（ビロウ・ステアーズ／ダウンステアーズ）」と総称することがある。

外の道をゆく辻音楽師を、半地下のキッチンから見上げる。左がコック、右はパーラーメイド。『パンチ』1869年4月24日掲載。

ロンドンの閑静な住宅街チェルシーにあるトマス・カーライルの家。左右の家とぴったりつながった典型的な19世紀初頭のタウンハウスだ。玄関の左、柵の向こうにキッチンの窓が少し見える。

奥様「パーカー、たしか24個って言ったわね。全部ある?」パーカー（困り果てて）「それが奥様、何度数えなおしてもひとつ足りないのです」上流生活には大移動がつきもの。大量の衣装を管理するレディーズメイドは大変！　風刺漫画誌『パンチ』1871年9月30日掲載。

　さて、カーライル家の地下キッチンに話をもどそう。十九世紀の半ば頃、トマス・カーライル夫人ジェーンとその歴代のメイドたちは、家具やカーテン、ベッドにつく虫と積年の戦いを繰り広げていた。木製のベッドや詰め物をした椅子は、トコジラミの格好の餌食である。しかし鉄のベッドに交換してもしばらくするとまた現れた。虫の痕跡《こんせき》が見つかるやいなや、ベッドは解体して水につけ、庭で天日《てんぴ》干《ぼ》しにする。カーテンは専門業者に送る。キッチンの床にはバケツ二十杯の水をぶちまけて、隠れた虫を溺れさせようとした。眠る部屋の湿気と不快を増しただけに終わったのではないかと心配になるが、彼女たちは必死だった。

　現代日本の目で振り返れば、寒くて殺風景だし虫は出るしで、そうとう気の毒な状況に思える。しかし、当時の水準では必ずしも悪くない環境だった。そもそも彼女たちが出てきた実家では、ひとつのベッドを

午後のドレスを着たレディと子どもたちが座ってお茶を楽しむ。2人のメイドは立って給仕している。チェシャー州ノースウィッチで撮影されたポストカード、1910年頃。

郵便配達夫から手紙を受け取るパーラーメイド。「ロンドンでなじみの人びと」と題された絵葉書シリーズの1枚。消印は1902年。

六人で共有して眠ったりしていたのだし、ロンドンの貧しい地域では一部屋を複数の家族で共有するような超過密状態が続いていたのだ。

　メイドの労働時間は長く、自由は少なく、給与も半人前ではあった。十九世紀も末になると、時間も短く自由のきくほかの仕事の選択肢も出てきていた。しかし、部屋代と食事代を現金に換算して考えれば、まだそれなりに有利な勤め先ではあったのだ。メイドになることを決めた、あるいはならざるをえなかった、最大多数派の少女たち——その最初の一歩を、次章では見ていきたい。

column

英国メイドの風呂・トイレ事情

「昼夜を分かたずいつでもすぐに熱いお湯が出ます」奥様のお風呂を用意するメイド。瞬間湯沸かし器の雑誌広告、1917年。

百貨店「ハロッズ」のカタログ（1895年）掲載のヒップバス。内側がホウロウで外側がオーク張りの高級品が41インチサイズで21シリング5ペンス。

地下から湯を運びあげて入浴

かつて、風呂は非常に贅沢《ぜいたく》なものと考えられていた。裕福な家のなかには、一八四〇年代頃にはお湯のパイプを屋内に通す家が出はじめていたし、一八七〇年代頃には中流階級でも同様の設備を持つ家が現れはじめていた。けれど、そんなものは必要ないと考える人もいた。使用人がいれば、地下のキッチンやスカラリーのボイラーで沸かしたお湯を、必要なとき運ばせればよかったからだ。

　したがって、蛇口をひねればお湯が流れるような給水設備の普及スピードは、家によってまちまちだった。バスルームはたいてい二階以上の場所にある。メイドたちにしてみれば、階上の風呂のために、重いお湯を入れた大きな「じょうろ（ホット・ウォーター・カン）」を運ぶのはたいへんな重労働だった。一部の家の主人はシャワーを好んだが、これも初期のものはお湯や水を手動で入れなければならなかった。その面倒はもちろんメイドが引き受けるのだ。

　たとえお湯の出るバスルームがあっても、使用人と同じ設備を使うなどとんでもないと考える主人が多かった。バスルームの使用が許されない場合、どうするかといえば、持ち運びのできる浴槽、ふつうは腰だけを入れる小型の「ヒップバス」を寝室に運び込んで暖炉の前に置き、やはり地下から湯を運び上げて入浴した。洗濯室で煮洗いに使った湯を利用することもあった。温かい風呂にどのくらいの頻度で入れるかは、主人の方針によった。二十世紀の初頭までには、週に一度が一般的になっていたようだ。

　一九一三年に、あるパーラーメイドの職に登録所を通して応募したファニー・ウルガー*は、受け取った返事に「当家には給湯・給水設備とトイレがあります」と書かれていたのを覚えている。第一次大戦前年のその時期には、お湯と水の出る蛇口や、おそらく水洗のトイレが、有能な使用人を呼び込むためのアピールポイントになると考えられていたのだろう。しかしいざその職場に入ってみたら、初めのうちはバスルームがひとつしかなく、もちろんメイドが使うことはできなかった。この牧師館にはコックが長くいつかず、すぐに辞めてしまったが、その理由として風呂に関する不満が大きかったという。

＊　ファニー・ウルガー（?～1986）
23歳のときに英国南部ケント州の牧師館でパーラーメイドになり、1922年まで勤めて結婚退職した。メイド時代の生活を詳細に語った回想録『村の牧師館の思い出（Memories of a Village Rectory）』（1983年）がある。

暖炉のそばで赤ちゃんを風呂に入れる子守兼家庭教師。『ガールズ・オウン・ペーパー』1885年10月3日掲載。

手動でお湯を入れるシャワー。左のボーイが両手に持っているものが「ホット・ウォーター・カン」。『パンチ』1850年カレンダー。

「一か月いて、一度も風呂に入らせてもらえませんでした」

なかにはひどい雇い主もいて、一九〇〇年代にリリアン・ウェストールが働いた家は、食事も衛生状態も悪かった。「一か月いて、一度も風呂に入らせてもらえませんでした。実のところ、まともに髪をとかす時間さえなく、腰まで垂れてもつれていました。やっと実家に帰りついたとき、母はその髪をだいぶ切らなければならなかったんです」

リリアンの場合は極端であって、たとえ風呂は週に一回でも、身体は毎日洗うことが推奨されていた。一八六九年の中流家庭向け指南書『カッセルの家事ガイド』では、顔とわきの下、足、「股間とその周辺部分」を一日一回石けんで洗うことをすすめている。同年の『使用人マガジン』でも、「足は毎日洗うこと。わきの下も同様で、毎日の洗浄を実行しなければ不快な悪臭を生じる。『清潔は敬神に通ず』」と指導している。

水洗トイレは、下水道網の整備や便器の改良など、十九世紀を通じての技術の進歩とともに普及していった。しかし、主人たちは屋内の水洗トイレを使っても、使用人は、屋外に設けられた土砂と灰をかける旧式のトイレを使わなければならない家もよくあった。夜間は主人も使用人もトイレに行くことはせず、寝室に設置した「おまる（チェンバーポット）」を利用するのがふつうだった。そして朝、ポットの中の汚物を片付けるのは地位の低いメイドの仕事だ。多くの場合、生活のあらゆる点で、使用人たちは主人とは格差をつけられていたのである。

「家を離れて」詩に添えられた挿絵。『ガールズ・オウン・ペーパー』1885年10月10日掲載。

＊　ハンナ・カルウィック（1833～1909）
8歳のときから使用人として働き始め、大邸宅、宿屋、タウンハウスなどに勤める。1854年に出会った紳士のアーサー・マンビーと1873年に密かに結婚。日記の抜粋はリズ・スタンリー編『ハンナ・カルウィックの日記(The Diaries of Hannah Cullwick)』などで読める。

第2章　メイドの旅立ち

「家を離れて」

初めての職場へ向かう　あわれなジェニー
何が待ち受けているのだろう
つらい仕打ちか、よい家かしら
見慣れぬ顔　見知らぬ人に囲まれて

「もう一人前の大人ね」と
自分のパンをかせぐのよ、と
言われた言葉を誇りに思う
不安な気持ちは胸に隠して

習えることは全部覚えた
給料は全部　母さんに仕送り
神様に感謝！　虹の果てに輝く未来を
あわれなジェニーも夢見てる

さあ、明るく、笑顔で言おう
勇気を出して　さよならを
もう十五歳　泣いたりしない
別れの時を　台無しにしない

動き出す列車——ああ、待って
家を思うと、もう帰りたい！
農場が小さくなっていく

懐かしい景色が心を満たす
メイドにだって心はある、みんなと同じ
涙でぬれた眼をみはる　なんて小さなベッド
彼女はここで暮らすのだ
静かな夜と　いくつもの昼がすぎていく

ああ、「奥様」たちよ、もし
あわれなジェニーが家にきたなら
優しくさとしてあげてほしい
ばかな間違いも　おかしなお願いも

あなたは恵まれた地位にある
つらい労働はメイドに任せているのだから
天使の隣に座《ま》す　尊いお方の手が
二人を高みに運んでくれる
（『ガールズ・オウン・ペーパー』一八八五年）

『ジェニーの初めての職場』という本の口絵。古いトランクを父親に運んでもらい、遠くに旅立つ主人公。1880年代。

この詩は、ヴィクトリア時代の中流家庭、および労働者階級の一部でも広く読まれていた少女雑誌に掲載されたものである。まだあどけなさの残る田舎育ちの少女が、涙をこらえて家族と別れ、たったひとりで列車に乗り込む。ブリキの箱をかかえ、はるか遠くの職場へ赴くのだ。その境遇に同情する者は、今のところは誰もおらず、ひょっとすると天使と神様だけなのかもしれない。センチメンタルでモラリスティックで、いかにもヴィクトリア時代らしい情景を描いた詩である。しかし美化されているとはいえ、ここには彼女たちの置かれた現実もしっかりと含まれている。

　詩の中の「あわれなジェニー」は十五歳で親元を離れる。しかし、十九世紀の半ば頃までは、労働者階級の子どもたちは、さらに若い年齢で仕事につくものだった。一八四一年、シュロップシャーのハンナ・カルウィック*が慈善学校をやめて近所の家の使用人になったのは、わずか八歳のときだ。一八五三年生まれのエリザベス・シンプソンは、十歳のときにヨークシャーのハロゲイトで大きな家のキッチンメイドになり、朝まだ暗い四時に起きて酪農室の床を磨いていた。ウェールズで一八五八年に生まれたリグリー夫人は、九歳のときに牧師館の使用人になり、その次には医師の家に雇われた。仕事がうまくこなせず主人に殴られたが、読み書きができなかったので外部に助けを求めるのにも苦労したという。

　子どもたちはみな、学校のかたわらパートタイムで家業や近所の仕事を手伝いはじめ、卒業するとすぐにフルタイムの仕事についた。初等教育制度の普及によって、学校を終える年齢は時代が進むにつれ上がり、同時に仕事をはじめる時期も遅くなっていく。十九世紀が終わり二十世紀を迎える頃には、少女たちが初めて就職する年齢は早くても十三〜四歳くらいになっていた。

　いちばん最初の就職先は「二流の職場（ペティ・プレイス）」と呼ばれていた。まずは近くの商家や農家に自宅から通ったり、遠くに旅立つこともあった。いずれにせよ、未経験から仕事の基礎を覚えるかわりに、給料はかなり安くなる。ここで少なくとも一年は勤め上げ、貯金と経験と紹介状（人物証明書）を手に入れなければならない。ためたお金で必要な服を買いそろえ、正式な労働市場に巣立っていくのだ。

　二十世紀の初頭、マーガレット・トーマスは、自宅から通いで子守とナイフ磨きと靴磨きをしてお金をため、制服を買って、十五歳のときに「本当の仕事」につくことになった。旅立ちにあたって、少女時代には垂らしていた髪をあげなければならなかったことに、彼女は抵抗を感じていた。

「十五歳になりたくありませんでした。髪をうしろで黒いリボンで結んで垂らしておくのが好きだったし、どうやったらまとめられるのかわからなかったのです。けれど、それはとにかくやらなくちゃいけないことなので、ブラシでとかして全部あげて、頭の上で『おだんご』にしました。ほら、もう――おとなの『女』の出来上がりです。あっけないものでした」

田舎の家族を置いて旅立ち、メイドになる。求人広告には「田舎出身の少女を求む」と書かれたものもあった。丈夫で従順と思われていたのだろう。

＊　ヴァイオレット・リドル
1922年、ケンブリッジ生まれ。14歳のときにビトウィーンメイドとなり、劇作家バーナード・ショーの家やチャーチルの首相官邸にも勤める。カントリーハウスを舞台にした映画「ゴスフォード・パーク」には使用人生活のアドバイザーとして招かれた。自伝『善き方、偉大な方に仕えて（Serving the Good and Great）』(2004)。

仕事をはじめるきっかけ

「自分のパンは自分でかせぐ」「母さんに仕送り」――これが、少女たちがメイドになる最大の目的だ。労働者階級の家庭は恒常的にギリギリの生活を強いられており、そして子沢山《こだくさん》だった。父親の就業も不安定で、家族全員が少しでも家計に貢献し、働ける年齢になればすぐさま職を求めるのが当たり前だった。男の子なら、将来開業できるように、職人や商人の徒弟《とてい》になる。女の子はもちろん家事使用人だ。住み込み食事つきの職場に入れば、家計の負担が一人分減ることになる。

景気が悪いときでも、メイドの勤め口だけは豊富にあった。二十世紀の初めに失業保険の制度がはじまったとき、家事使用人は対象から外されていたが、これは、メイドの需要があるのに失業している、という状態がおおやけに許されなかったからだ。貧乏が嫌なら、えり好みをしないでメイドをやればいいじゃないか、というわけであ

1900年代初頭、撮った写真を葉書に直接プリントできる「リアルフォトポストカード」が売り出された。若いメイドたちも制服姿の自分の写真をこのように葉書にして家族に送っていたのかもしれない。

かつてメイドとして働いていたルース・ダグラス夫人の13歳の頃の写真。1913年。

ロンドンで働いていた、わずか13歳のメイド・オブ・オールワーク。子守も兼ねていたようだ。1911年。

る。

　都市部ではとくに、女性のつけるほかの仕事とくらべてメイドは一段低く見られており、時代が進むにつれ敬遠されるようになっていく。その反対に地方では、メイドは長いこと定番の勤め先でありつづけた。英国中部地方のレスターシャー博物館による口述記録集『キャップとエプロン』には「メイドしかできることはなかった」と語りつつ、伝統的な価値観から外れる「新しい職種」への恐れを示すような発言がいくつか見られる。

「工場で働いたことは一度もありません。望んでもいませんでした。メイド以外の仕事はなかったのです」（一九一〇年代）

「若い女の子の仕事は他になかったし、ショップ店員はできたかもしれないけど、それは嫌でした」（一九二〇年代）

「母は、工場は恐ろしいところだと……何か素朴なプライドのようなものを持っていました。つまり、工場の女の子はみんな言葉は汚いし、ちょっと下品だと思っていたんです。『工場なんて絶対ダメ。ろくなものじゃないわ』」（一九二三年）

　工場、ショップ、オフィスなどの新しい仕事は、お金で結ばれた近代的な契約関係である。時間の区切りも行動の自由も確立してきていた。メイドもまた、雇用関係と金銭にもとづいてはいたが、古い時代の主従関係をひきずり、心身ともに束縛される仕事だった。古きよき秩序を大切にする地域では人気があったけれど、自由に慣れた都会の女の子には嫌われた。そんな図式が浮かび上がる。

　敬虔なバプテスト派の家庭に生まれたヴァイオレット・リドル*は、一九三〇年代にメイドとして働きはじめ、のちにはウィンストン・チャーチルの家にも仕えることになった。彼女は中国へ布教活動に行くことを夢見ていたが、しかしそれはかなわない。

「私が何をしたいかなんて問題ではありま

せんでした。今の若い人には奇妙に思えるかもしれないけれど、あの当時、進路を決めるのは親や教師のすることだったのです。（中略）父がメイドにすると言ったので、反抗しようなんて思いもしませんでした」

ヴァイオレットと違って、自分の夢や目的を追ってこの仕事に飛び込んだ人もいる。ロジーナ・ハリソンはたくさん旅行ができると思ってレディーズメイドになった。他の人とはちょっと変わった大志を抱いた彼女は、目標と職業が一致した、幸福にしてまれなケースだったのかもしれない。

就職の方法

就職口を見つける方法のひとつには口コミがある。すでに仕事をはじめている姉妹や友人知人がいれば、その推薦が期待できた。ときには雑貨屋や小売店なども求職・求人情報が集まる場所になった。メアリー・アン・アシュフォードという女性は、あるロンドンの商店主の紹介でコックの職を求めに行ったが、ドアを叩こうというまさにその寸前で、通りかかったチーズ売りに「そこの家、三か月で四人もコックが替わってるよ」と教えられ、思い直した。口コミを大いに活用した例である。

ツテを求める親たちからとりわけ頼りにされたのは、その土地の牧師一家だった。一九二〇年代、イーストアングリア地方のとある村では、牧師館のビトウィーンメイド――ハウスメイドとキッチンメイドを兼ねる――のポストが、小学校を出たての少女たちにとって、唯一の野望となっていた。牧師令嬢が卒業間近な希望者のリストを管理しており、空きができそうになると「ミス・エルシーは誰を呼ぶのかしら」と憶測《おくそく》が村中をかけめぐるのだった。

一八八〇年代のオックスフォードシャーで少女時代をすごしたフローラ・トンプソン*の自伝的エッセイ『ラークライズ』でも、牧師の娘が仕事を世話していた様子が述べられている。近隣の邸宅でスカラリーメイドやナースメイドの求人があれば紹介し、ちょうどいい空きがないようなら、希望者をとりまとめて新聞広告を出した。

新聞には求人・求職の両方が数多く出ていたが、限られた情報しか載らないために落とし穴もあった。一九二二年、南ウェールズの炭鉱町で新聞広告を見た十七歳の少

COOK (good) WANTED, for small family where housemaid and parlourmaid are kept. Personal character required. Apply this day, between 2 and 4 o'clock, at 47, Great Cumberland-place, Marble Arch.

GOOD COOK WANTED, in a gentleman's small family—a thoroughly trustworthy, middle-aged person, clean, active, willing, with unexceptionable references—at St. Leonard's. Write Prœvisa, May's Advertising offices, 162, Piccadilly.

COOK (thorough good PLAIN) WANTED. Personal character. No kitchenmaid. Man-servant. Apply, before 1 o'clock, to-day and to-morrow, at 5, Gloucester-crescent, Hyde-park.

GOOD PLAIN COOK WANTED, by a quiet family of four, where four servants are kept; no kitchenmaid. Personal character required. Address Miss Straton, 4, Foxgrove-road, Beckenham, Kent.

GOOD PLAIN COOK WANTED, immediately, in a private family in the West-end. Must be neat and cleanly, and understand soups, fish, entrées, joints, game, pastry, &c. A kitchenmaid is kept. Apply, by letter only, stating age, length of character, wages, &c., to A. B., 101, Cheapside, E.C.

A Good PLAIN COOK WANTED, for the 12th. Wages £20-£22. No beer. No fringe. Personal character. Age 25-30. Apply, mornings between 12 and 1 o'clock, afternoon half-past 4 to 7 o'clock, 1, Cedars-road, Clapham-common.

A Thorough good PLAIN COOK WANTED, at once, in a small family. Assistance given. Wages £20 to £23, all found but beer. Good personal character indispensable. Apply this day (Tuesday), between 4 and 9 p.m., and to-morrow (Wednesday), before 12 or after 4 p.m., at 53, Gloucester-place, Portman-square (close to Baker-street Station).

A Thorough good, experienced COOK WANTED. Small family. Suburbs London. Kitchenmaid half the day. Write, stating wages, to J.H., care of Messrs. Charles Barker and Sons, 8, Birchin-lane, London.

THREE good SERVANTS WANTED:—Good Plain Cook, about 30, wages £26; a good Housemaid, about 27, wages £20. No fringe allowed. Also a thorough good In-door Man-Servant, between 30 and 40, wages about £42. Good personal characters indispensable. All single-handed. Apply for address, this day and to-morrow, at Mr. Millar's Library, New-street, Dorset-square.

AS PARLOURMAID (thorough) where footman or page is kept. Age 26. Good personal references. Also girl, age 16, as Under Servant.—E. B., 47, Hindman's-road, East Dulwich, S.E.

THOROUGH PARLOURMAID WANTED, age about 26. Good character of some length indispensable. Wages £23, all found. Apply Thursday and Friday, before 3 o'clock, to Mrs. L., Chestnuts, Maple-road, Surbiton.

A Good PARLOURMAID WANTED, about 27, in a small, quiet family, where four servants are kept. She must understand her duties. Apply, by letter first, stating age, wages, how long in last situation, &c., to Mrs. Roberts, 3, Private-road, Champion-hill, S.E.

PARLOURMAID WANTED, in a small family. Personal character indispensable. Good wages, and all found. Apply, this day, 20, Gledhow gardens, South Kensington.

PARLOURMAID (experienced) REQUIRED. Tall, good waitress. Personal reference. Apply, to-day and to-morrow, before 1, at 9, Pembridge-square, W.

PARLOURMAID (thorough) WANTED, for small family where cook and housemaid are kept. Personal character required. Apply this day (Tuesday), between 10 and 12.30 o'clock, at No. 47, Great Cumberland-place, Marble Arch.

PARLOURMAID (good) WANTED, in a family of three. Charge of dining room and drawing rooms. No stoves. Personal character required of not less than 12 months. Age under 30. Wages from £22, all found but beer. Apply, by letter, Lodgemore, Alleyn-park, West Dulwich, S.E.

PARLOURMAID WANTED. Age 25 to 30. Healthy and presentable, thoroughly efficient in her duties. First-rate plate-cleaning indispensable. Man-servant kept. Two rooms entirely in her charge. Wages £25, all found. Good reference from last place requisite. Apply between 10 and 12, to-day and to-morrow, or from 6 to 7, at 40, Courtfield-gardens, South Kensington.

HOUSE-PARLOURMAID WANTED, immediately. Good wages. Apply 20, Bassett-road, Ladbroke-grove-road, North Kensington.

EXPERIENCED HOUSE-PARLOURMAID REQUIRED, in November, for quiet place near London, where housemaid is kept. Two in family. Must be an early riser, punctual, quick, good waitress, and used to care of silver. Good personal character indispensable. Wages £18. Address R., care of Metcalfe, Grocers'-hall, Poultry, E.C.

UPPER HOUSEMAID WANTED, immediately, in a private family in the West-end. Must be a good and careful servant, and thoroughly understand her duties. Apply, by letter only, stating age, length of character, wages, &c., to A. B., 101, Cheapside, E.C.

A Thorough HOUSEMAID WANTED. A second kept. Must be a good needlewoman. Address Lady, Noirmont-manor, St. Aubyn, Jersey.

新聞『タイムズ』1889年10月8日の求人欄。ほかに何人使用人が雇われているか、ビール代や副収入の有無、希望年齢などが明記されている。パーラーメイドは「背の高さ」「銀器磨きの技能」が求められ、ハウスメイドは「早起き」「針仕事」が条件のようだ。

＊　フローラ・トンプソン（1876～1947）
オックスフォードシャーのジャニパー・ヒル出身。1939年、少女時代の農村生活を固有名詞を変えて書いた回想録『ラークライズ（Lark Rise）』を刊行。好評を博して続編が出版され、邦訳も出ている。

ミセス・ハントの使用人登録所で順番を待つメイドたち。まず登録所のスタッフと面接してリストに希望職種と名前を載せ、次に雇い主と面接する。前職の人物証明書を提出し、承認されれば手数料を支払う。1903年頃。

女が「求む、家事労働をする女の子、幸せなファミリーです」という文を頼りに出かけていったところ……「そこはなんと居酒屋（パブ）だったんです！　ウェールズにいた頃はパブに女の人がいるところなんて一度も見たことなかったから、震え上がりました。一晩すごして、コートを着て、来た道を戻っていきました」

　逃げ出した彼女は友人を頼り、使用人登録所に連れて行ってもらって、どうにか個人宅の第二ハウスメイドになることができた。「マッシー」「ハント」「メイフェア・エージェンシー」といったこの種の登録所は以前から存在したが、十九世紀後半以降、すでに経験のある使用人たちの転職活動にとりわけよく利用されるようになっていた。「雇用市（ハイアリング・フェア、モップ・フェア）」という催しもあった。もともと農業従事者が年季契約を結ぶ定期市であり、その性質上、酪農に携わるデイリーメイドなどが利用したようである。十九世紀の初めには、仕事を求めるコック、ハウスメイドが、それぞれの職業を示すおたまやほうきを持って、雇い主との出会いを求めていたという。やがてこのフェアは酒を飲んで羽目をはずす不道徳の温床になっているとして批判され、十九世紀を通じて労働市場としての機能は失われていった。しかし、ヨークシャーなどの地方では二十世紀まで生きのびていた。

メイドになるための学校

「モップ」が衰退していった頃、都市部で増加していたもののひとつに、家政学校や家事使用人訓練校がある。小学校を卒業した年齢の女子を対象に、将来、家庭をきりもりする主婦になったら――というのは理念上のお題目であって、現実としてはメイドになったら――役に立つような、家事の技術を教えていた。

　大規模で設備の整った本格的な学校から、小さな家屋を転用したところ、公的資金にもとづくもの、貴族夫人の後援で運営される個人的な性格のものまで、内実はさまざまだった。たとえば一八九〇年、ノーサンプトンシャーに設立された家政学校では、小学校卒業後の十四歳で選抜された生徒が住み込み、八か月間の集中コースを受けることができた。授業は朝の六時三十分からはじまり、料理、洗濯、被服などを学んだ。ここの場合、滞在費は無料だったが、定員

ジョージ・アドルファス・ストーリー「孤児たち」1879年。長机では特徴的な孤児院の制服を身につけた子どもたちが勉強をしている。右側には近親を亡くしたばかりらしく喪服姿の2人の少女がいる。どちらもいずれ他人の家に働きに行くのだろう。

は三十人と少なかったし、学校によっては高い授業料が必要だった。運良く奨学金の審査にでも受からない限り、貧しい家庭の少女たちが誰でも気軽に行けるものではなかっただろう。

　職業訓練の機能は、孤児院や救貧院にもあったが、実用に足るものではなかったようで、そこから就職しようとする女の子には苦労が待っていた。給料は相場より低く抑えられがちだった。栄養が足りなくて身体が小さいため、パーラーメイドなど外見を重視する職種につくのは無理だったという証言もある。第一次世界大戦以前の時期に十三歳だったヒルダ・ストレンジは、孤児院で院長に呼び出されたときのことを回想している。仲間たちが一列に並ばされ、来客のレディたちがやってきてひとりひとりをじっくりと見定めた。地元の商人の妻に「この子にするわ。丈夫そうだし」と選びだされた、その言葉を、ヒルダは一字もたがわずはっきりと覚えているという。

　どんな方法を経由したとしても、最後には女主人、ないしはその代理となるハウスキーパーなどの面接を受けることになる。まだほんの子どもであった彼女たちには、母親や友人が付き添いについていくのが常

サリー州の国立孤児院の様子。床磨き、洗濯、アイロンがけを習っている。『ザ・グラフィック』1874年7月11日掲載。

新人のメイドを屋根裏部屋に通し、さっそく指導する女主人。質素なトランク、帽子箱、洗面セットなどが見える。ローソン・ウッド画、『ザ・スケッチ』1907年掲載。

路上で暮らしていた少女がイーストエンドの慈善事業家に拾われ、有能なメイドとして再出発するまで。『ザ・グラフィック』1875年1月16日掲載。

だった。のちに自伝を出版し、その文体からはそうとう勝気な性格がうかがえるマーガレット・パウエルでさえ、最初の面接ではろくに口もきけず、すべての質問に母が代わりに答えたと述べている。

　初めての仕事についた「あわれなジェニー」たちの心のうちは、十人十色さまざまだった。どんな境遇にあったとしても、髪をあげてキャップをかぶり、一か月か三か月か、不慣れな仕事に耐え抜けば、ついに自分のお金を手にすることができる。家族に仕送りをしたり、ささやかなりと自分のものを買ったあかつきには、きっと誇らしい気持ちでいっぱいになったに違いない。一九三〇年代に働きはじめたアイリーン・トンプソンはいう。

「家を出て、（訓練所に入って）ほんの少し自分の人生を手に入れたような気がしました。仕事を始めたらいろいろと制限はあるのはわかっていたけど。（中略）我慢はできました。本当に自立したんだ、という気分になったんです」

　それは、大人としての人生に踏み出すことにほかならなかった。

column

女の子たちと学校教育

小学校に設置された石炭レンジでプディング作りを学ぶ少女たち。

ロンドン南部、西ランベス地区の公立小学校での料理の授業。『カッセル・ファミリー・マガジン』1891年掲載。

階級によって分かれる教育

メイドが働きに出た家庭には、お嬢様がいることもあっただろう。同じ年頃で、背格好も似ていたかもしれない。しかし、属する階級の異なる二人がすごしてきた少女時代には大きな差があった。中・上流の家の令嬢たちと、労働者階級の女の子たちでは、教育のコースがはっきりと分かれていたのである。

十九世紀から二十世紀初めにかけて、良い家の娘には、住み込み女性家庭教師がつけられたものだった。読み書き計算、雑多な知識、フランス語、音楽、ダンスなどを習う。あまり実用的ではない「淑女のたしなみ（アコンプリッシュメンツ）」が大切にされ、古典や理系などの学問は軽視された。社交界デビューが近づくと、遠方の花嫁学校に送る家もあった。

義務教育制度のあゆみ

労働者の娘たちは、十九世紀の半ばであれば、日曜学校や地元の私営学校、家計の状況によっては慈善学校に行った。初歩的な読み書き計算、編み物、裁縫を習う。親たちにとっては、ほんの少しの実用的な技術を教える託児所、という程度の認識だったらしい。授業料やパート仕事の都合で、毎日通うのは難しく、早期にやめざるをえない場合も多かった。結果、現代の基準で考えれば質・量ともにゆきとどかず、字は読めても書くほうは教わらなかったとか、とびとびで習ったことを忘れてしまうなどの状態におちいった。

一八七〇年の教育法を機に、労働者階級の初等教育は国家主導に移行していく。一八八〇年には五～十歳の就学が強制になり、子どもを学校に行かせない親には罰金が科せられるようになった。やがて学費が無料化し、一八九三年には十一歳、一八九九年に十二歳、一九一八年には十四歳までが義務教育期間となった。新しい体制の公立小学校では、女子には料理と洗濯の実技が教えられていた。

中流家庭で読まれていた雑誌『カッセル・ファミリー・マガジン』の一八九四年号には「昨今のメイド」を扱った記事が掲載されている。無記名なので全部がほんとうにあった話なのかは知るよしもないが、さまざまなタイプの役立たずなメイドを雇っては苦労する、という体験談だ。

最後に駄目押しのように登場するアミーリアは「ほうきの使い方は習わなかったけど、楽器は上手にひけます。小数点の計算

ロンドンのバターシーにあった家政専門学校で掃除を学ぶ生徒たち。『ガールズ・オウン・ペーパー』1899年8月19日掲載。

公立小学校で学ぶ彼女たちは、紳士の家ではなく労働者階級の出身。

もできます。隣の家のメイドとは学校で一緒でしたけど、あの子は計算、全然できないんですよ！」などと胸を張る。結局、甘やかされた若い子ではなく、酸いも甘いも噛み分けた中年女性を雇うことに決めて話は終わる。公立小学校ができる前の世代を選んだわけである。ちなみに、雇い主自身も小数点はわからなかったが、それはどうでもよいらしい。「なんでも公的初等教育のせいにするつもりはないし、反動的にはなりたくないけれど」……と言いつつも、メイドに余計な知恵など不要、という考えがありありとにじむ。

当時は体罰もあたりまえ、帝国主義全盛の時代でもあるし、カリキュラムには改善の余地が多分にあっただろう。押し付けがましい規律に反抗する「不良少女」も少なからずいた。中等教育以上への道が真に開かれるのはそこからまだ先の話だ。それでも――小学校が女の子たちの心身に与えた影響ははかりしれない。元メイドたちが自分の人生を振り返ってあれこれ語り、自伝を書き、活発に表現するようになるのは、十九世紀を通りすぎて二十世紀に入ってからである。読んだり書いたりできるようになっていなかったなら、彼女たちの生活は大部分が謎に包まれたままだったはずだ。

「使えない昨今のメイド」の真打ち。ほうきを持たせればほこりの山を作り、「でもピアノは上手なんです」と得意顔のアミーリア。

雑誌記事より。きれい好きできちょうめんなのはよかったが、身体が弱かったスーザン。

裁縫の授業。ほかに料理や洗濯、アイロンがけなども教えていた。

粗末な宿屋で非情な主人にこき使われるジェネラル・サーヴァントのイメージ。『ガールズ・オウン・ペーパー』1896年7月20日掲載。

蜜蝋とテレピン油を混ぜた磨き剤（ポリッシュ）を使い、鏡のようになるまで床を磨く。

1週間の仕事が書かれた予定表を眺めながらため息をつく。『カッセル・ファミリー・マガジン』1893年掲載。

バスルームを掃除する。
午後の制服に着替える。

13:00pm　使用人ホールで昼食。
午後は銀器、真鍮の器、水の運搬容器を磨き、ランプの手入れ。

16:00pm　使用人ホールでお茶。

17:00pm　寝室に火をいれて回る。

18:00pm　寝室に熱湯を配る。

19:30pm　ベッドのシーツを折り返し（ターンダウン）、暖炉の火をおこし、汚水を空ける。
石炭と薪を補充する。
翌日の朝食用のトレイをハウスメイドの作業室にセットする。
（＊注　おそらくこの後に軽い夕食をとったと思われる）

「時計仕掛け」のスケジュール

一九二〇年代、ある家のハウスメイドになったラヴィニア・スウェインバンクは、やるべき仕事を書き付けた上のスケジュール表を手渡された。あまりに盛りだくさんの内容を見た彼女は、これだけの仕事をいったいどうすれば一日のうちにやりとげることができるのだろう、といぶかしんだ。しかし後になって、これはごくふつうの人間を「時計のようになめらかなリズムで動く、よく油を差した機械に似た何か」に変えるための基礎訓練だったのだと感じた。仕事に慣れ、時間割に沿って動くことを覚えてからは、この「時計仕掛けの精密さ」は身体にしみこみ、五十年近く経ったあとでも彼女の中から消えることはなかったという。

　このような行動予定表をつくり、スタッフに手渡すという習慣は広く行われていた。それぞれの中身を比べると微妙な違いがあり、同じ名前の職種でも家によって仕事の境界はいろいろだったことがわかる。ラヴィニアのようなハウスメイドは、掃除と、

掃除と料理と給仕を兼任するメイド・オブ・オールワーク。重い食器をひとりでキッチンに下げる。

奥様の模様替えに付き合って、できの悪い油絵を応接間から屋根裏に運びあげる。

ハウスメイドの時間割（1920年代）

6:30am　起床。
晩餐室の暖炉を掃除して火をおこす。
カーペットを掃き、ちりを払う。
図書室の暖炉を掃除して火をおこす。掃いてちりを払う。
ビリヤードルームの暖炉を掃除して火をおこす。
掃いてちりを払う。
階段を磨く。
応接室の暖炉を掃除して火をおこす。床を磨く。
居間の暖炉を掃除して火をおこす。
控えの間を掃いてちりを払う。
青の階段を掃いてちりを払う。

8:00am　使用人ホールで朝食。

9:00am　寝室の掃除。ベッドメイクを手伝い、各部屋の汚水を空けて、
手洗い用の水と飲み水を入れ替える。
暖炉を掃除して火をおこす。
各部屋備え付けの石炭と薪を補充する。
寝室を掃いてちりを払う。

暖炉や明かりの管理を主に担当していた。しかし彼女の時間割には基本的な事項しか書かれておらず（これでも！）、空き時間の使い方や他部署のヘルプについては記載がない。針仕事も含まれていない。他の家では、食卓で給仕をしたり、玄関の応対に出たり、お嬢様の髪を結ったり、洗濯を手伝ったりといった雑用まで求められることもあったのだ。

窓拭きも重労働。窓の外側は危険なので男手を外注することもあったようだ。『ガールズ・オウン・ペーパー』1887年7月4日掲載。

朝一番の仕事は暖炉の掃除。燃え残りと灰をかき出し、鉄の部分に黒鉛を塗って磨きたてる。

魚料理のソースをひとりずつ注いで回る。給仕はホストの右隣の女性から時計回りに行われる。

皿からカバーを外し、気をつけて裏返す。

食卓での給仕法の指南記事。ボリューム満点のレディのスカートを傷つけないようやさしく椅子を押す。『ガールズ・オウン・ペーパー』1887年4月30日掲載。

仕事の量は、その家の立地と季節によって変動した。都会のタウンハウスなら春夏の社交期にパーティーが増える。狩猟に便利な田舎の邸宅ならば、秋冬が戦場になる。ハウスメイドにとっては、どんな家でも「春の大掃除」が一大行事だった。主人たちが移動して留守になったあと、二週間から一か月かけて、家中を徹底的に掃除するのだ。壁や天井は塗りなおし、カーテンを取り外して洗い、家具はばらして磨きたてた。いつも以上のハードワークになったが、終わったあとの休暇のほかにはボーナスなどはふつう出なかった。

　スタッフの構成や女主人の考えひとつで、メイドのやらなければならない仕事は大きく変化した。そのことを念頭に置きながら、もし百年前の英国でメイドになったなら、最初につくことになったかもしれない仕事を中心に、日常業務を見ていこう。

すべての仕事《メイド・オブ・オールワーク》をするメイド

「『ジェネラル』を探している、という人たちがきたので、私はその仕事には何が含まれているのか聞きました。すると『全部です』という答えが返ってきました」（アイリーン・トンプソン）

メイド・オブ・オールワーク。ジェネラル・サーヴァント。ジェネラルメイド。あるいは単にジェネラルとも呼ばれる彼女たちは、使用人をたったひとりか、多くても二人しか雇えないくらいの小さな家で、「すべての」家事労働を行う存在だった。その職場は中流階級以上の「紳士の家」とは限らず、商店や職人の家、学校や小さな宿屋などにも雇われて、絶え間なくふりかかるハードワークに耐えていた。

　一八三三年生まれのハンナ・カルウィックは、労働者階級の女性による記録文学が非常に少ない時代、一八五四年から一八七三年にかけて、膨大な量の日記を書いた稀《け》有《う》な存在である。それは発表を意識したものではなく、彼女と階級違いの秘密の交際をおこなっていた紳士アーサー・マンビーにあてて、日々の仕事内容を伝えるためのものだった。彼の近くにいたいという都合から、また彼女自身が汚れる重労働に価値を見出すようになっていったことから、上位職にはいかずにジェネラル・サーヴァントとして働き続けた。ハンナの人生は非凡なものだったかもしれないが、その日記は

扉の前の正面階段を磨くメイド・オブ・オールワークのハンナ・カルウィック。1863年または64年に撮影。

水のグラスをお盆に受けて注ぎ足す。飲み物を出すときは右後ろから、食べ物の皿は左後ろから。

ハートフォードシャーの居酒屋で働いていたメイド・オブ・オールワークの肖像。1862年撮影。

アシスタントがいないため、掃除や雑用まで任されているらしいコック。『パンチ』1858年5月29日掲載。

ヴィクトリア時代のメイドの平凡な毎日を詳細に伝えてくれる。

日付の入った本文は、大きな部分を同じ作業の繰り返しが占める。他人の目をしのんで書く恋人への手紙でもあったわけで、とくにプライバシーのとぼしい職場では、じっくりと考えをまとめ、文章を練る時間もなかっただろう。そして、繰り返す作業の合間に、「御主人様（マンビー）」との行き来、雇い主や同僚とのやりとり、たまの珍しい事件などが挟み込まれていく。たとえば一八六〇年七月十八日、彼女が二十七歳のときの日記は以下のようである。

「キッチンの火を起こす。暖炉の掃除。部屋を掃き、ちりを払う。ブーツを磨く。階上の朝食を持っていく。ベッドメイクし、汚水を片付ける。朝食の片付けと洗い物。ナイフを磨く。昼食の支度をし、テーブルクロスをかける。食器の片付けをしてパンを焼いたあと、しばらく日食を眺めた——ほんの少しの間だったけど、なんてすばらしいんだろう、こういうことがいつ起きるのかみんな知っておくべきだと思った。キッチンの掃除。『御主人様』と会ったときに汚れをぬぐったタオルを洗う（マンビーの希望で、ハンナはわざと汚れた姿で会った）。旦那様の昼食を出す。自分の身をきれいにし、お茶を飲む。伝言を届ける。食器を片付ける。同僚のアンが弟と一緒にライフル兵を見に行ったので、代わりに子どもを庭につれだす。子どもたちを寝かしつけ、汚水を片付ける。階上の夕食を出す。食器を片付け、十一時に就寝」

起床は六時か六時半、就寝は十〜十一時。毎日十六時間を超える長時間労働であり、パーティー、転地、同僚の手伝いなど、イレギュラーな業務が入るとさらに長くなった。実家に帰省していたときには「七時すぎに起きる」、クリスマスの当日には「八時に起床」と、朝寝できたことをとくに記録している。しかし、クリスマス・イヴの仕事が終わって就寝したのは朝の四時だった。

鍋や皿を洗うスカラリーメイド。石けんや酢を使ってお湯で洗って水ですすぎ、上に見える皿棚で乾燥させる。

どんなに仕事がたいへんでも、有利な職場を選べるだけのツテや才覚がなければ、ここからはじめる以外にない。一八七一年の国勢調査では、国内の女性使用人のうちほぼ三分の二が「ジェネラル」だった。一八八一年、レスターシャーのメドボーン村では、家事使用人のいる十一軒の家のすべてが、ひとりずつの使用人しか雇っていなかった。メイド・オブ・オールワークは、最大多数派のメイドたちの中でも、さらに過半数を占める存在だったのだ。

スカラリーメイドの手

一九二〇年代初頭、マーガレット・パウエルが、気が進まないながらも家事使用人としての人生をはじめようとしていたとき、自分もかつてメイドであった母親は言った。

「お前は針仕事は嫌いでしょう？　だったらキッチンしか行くところはないわね。パーラーメイドになったら、テーブルクロスやナプキンを全部繕うし、ハウスメイドならシーツ。ナースメイドになったら子どもの服を繕って――ひょっとしたら一から縫わなきゃならないこともある。でもキッチンメイドなら、針仕事はしなくてすむわよ」

「それじゃ私、キッチンメイドになる」

そんなわけで、針仕事が大嫌いなマーガレットの母が説明したように、新人メイドがキャリアをはじめる場所のひとつがキッチンであった。キッチンメイドのさらに下に、スカラリーメイドがつく場合もあった。その名のとおり洗い場（スカラリー）にこもって、白砂や炭酸ナトリウム（洗濯ソーダ）や石けんを使い、あらゆる鍋や調理器具を、日がな一日洗い続ける。家中に熱湯を供給するボイラーの火も管理しなければならない。非常に単調かつハードな仕事だった。マーガレットと同じ時期にスカラリーメイドになったミリー・ミルゲイトは、洗い物にまつわる手荒れのつらさを回想している。

大きな調理台を前に働くコックとキッチンメイドたち。背後には銅の鍋やゼリー型がずらりと並び、奥の部屋はスカラリーだ。

エセックスにある邸宅「オードリー・エンド」に再現された1880年代のスカラリー。鉛を張った深いシンクの上には皿棚がある。

＊　ジーン・レニー
1906年、スコットランド南西部生まれ。進学を希望したが断念し、ハウスメイド、工場勤めを経て19歳からキッチンの使用人として働く。歌と執筆を好み、1934年には雑誌に短編小説を発表している。自伝『1週おきの日曜日（Every Other Sunday）』（1955）ほか。

「当時のキッチンでは、銅の鍋を使っていました。酢と塩で洗うんです。ソーダを溶かした水に四六時中浸かっている手は、当然のように硬くなり、あかぎれができ、ズキズキ痛みました。それなのに、塩と酢をつけて銅鍋を磨くんです。そうするとぴかぴかに光るからです」

ミリーは仕事がつらくてよく泣いたという。やはり同じ頃の一九二五年四月。スコットランド生まれのジーン・レニー＊は、十九歳でスカラリーメイドの勤め口を紹介されて、暗澹《あんたん》たる気持ちになっていた。

「私はスカラリーメイドがどういうものかよくわかっていた。人類の中で最下層の存在——あらゆる使用人のみそっかす、使用人の使用人。そして永遠のスケープゴートなのだ」

すでに他の城館と工場勤めでそれなりの経験を積んでいた年かさのジーンは、精神的なプレッシャーを感じていた。たしかにスカラリーメイドは、カントリーハウスではたいていもっとも地位が低く、給料も安

狩猟肉の貯蔵室（ラーダー）。キジやウサギなどの肉を吊るして熟成させている。

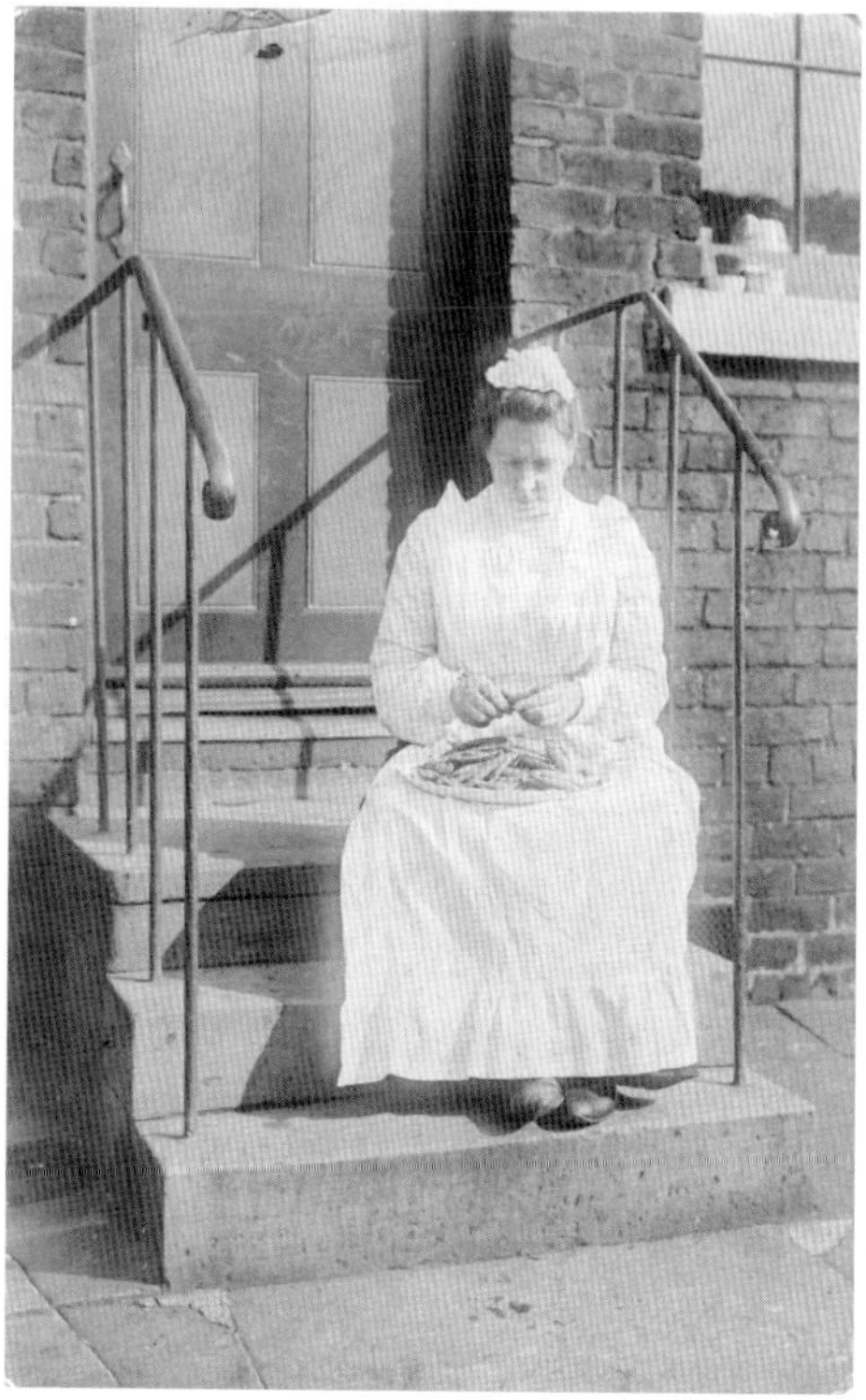

野菜の下ごしらえをするキッチンメイド。家族とスタッフの分を合わせた食材の量は膨大だ。ポストカード、消印は1907年。

く、そして最年少だったからだ。通常であればこの仕事には、小学校を出て「二流の職場」で一年経過したか、もしくはまったくの未経験の少女たちがついた。事務職を希望していた彼女がつきたい仕事ではなかったのだ。

キッチンの悲喜劇

大きな家にやってくると、設備もしきたりも、それまでとは激変する。彼女たちの実家では、トーストやオートミールのかゆ、薄い紅茶が日常食で、ちょっぴりの肉と脂を入れたミートプディングがごちそうだったのだ。見たことも聞いたこともないような食材が目白押しだったとしても無理はない。ミリーはこんな体験もしている。

「私はそれまでキジなんて見たこともありませんでした……キッチンメイドが鶏を『ドレスする』ように言いつけて出て行ってしまったとき、私は思いました。『で、何を着せればいいの？』……さっぱりわかりませんでした！　パイ用のフリルを取り出して、鶏の首に二本巻き、脚を束ねて一本巻きました。『これでいいかしら？』つ

まな板の前ではフランス人シェフが包丁をふるい、開放式オーヴンの前では二つの肉が直火焼きされている。スタッフォードシャーの「キール・ホール」1900年頃。

いでにもうひとつおなかにも巻いてみました。キッチンで『鶏をドレスしました！』と言いました。パイのフリルでドレスアップした私の鶏を見た、みんなの驚愕といったら！　コックがやってきて、ドレスのやり方（ここでは、さばいて下ごしらえするという意味）を見せてくれました――私は胸が悪くなり、流しに行きました。あの臭い！」

とにかく目の前の仕事に耐え切れないメイドはあとをたたなかった。一九三一年からカントリーハウスで働き始めたアイリーン・ボルダーソンは、姉のヒルダから、かつて彼女の下にいたスカラリーメイドの話を聞いた。その子は書き置き一枚と自分の私物をすべて残して夜逃げしたのだという。ただし、下ごしらえで溜め込んだウサギの皮だけは持っていった。私物はあとで送ってもらえるが、現金に変えられる毛皮は無理だろうということをわかっていたからだ。アイリーンも後に、同僚のキッチンメイドが、酪農室にクリームを取りに行ったまま二度と戻ってこなかったという事件に遭遇した。この彼女の場合は、自分のコートと荷物を事前に隠しておいて、こっそり持ち去ったらしい。

「ハロッズ」1895年のカタログに掲載されていた乳母車。一番の高級品は4ポンド2シリング。

乳母車を押して散歩するナースメイド。ひっきりなしに警官にナンパされ、たまたま通りかかった奥様にとがめられる。『パンチ』1889年11月9日。

アイリーン自身はどうだったのかというと——午前中はハウスメイド、午後はキッチンメイドの仕事を兼ねる「ビトウィーンメイド」からキャリアをはじめた。仕事はやはり山積みだったが、最初に実姉と同じところに就職できた幸運も手伝って、総じて明るく働いたようだ。たとえ毎日三十八キログラムのジャガイモをむかなければならなくても、好きな歌を歌いながら乗り切った。

　キッチンにはつらいばかりでなく、嬉しいこともあった。階上の人びとの食事は、当然ながらすべてここから送り出される。上流階級の一部には、トップクラスの腕をほこるフランス人シェフを自慢にしている家もあった。ジーン・レニーによれば、キッチンのスタッフは、鍋に残った一流の料理を存分に「味見」することができた。アイスクリーム製造具のハンドルをただひたすらにぐるぐる回すのは、スカラリーメイドやキッチンメイドの役目で、そうとうに骨の折れる作業だった。けれど、必要な量の盛り付けが終われば、貴重なフレッシュフルーツを使ったアイス（の残り）がごほうびに待っている。

　マーガレット・パウエルがキッチンメイドとしてついた最初のコックも、できあがった料理に余りが出たら、いつでもおなかをすかせていた彼女にくれた。みんなに配れるほどの量はないからだ。ハウスメイドたちが使用人ホールで、キッチンメイドの作った質素な料理を食べているとき、キッチンの彼女たちは貴族と同じ贅沢な晩餐を味わっていたわけである。あまりの忙しさに立ったまま急いですませることにもなったようだが……。

装飾品としてのメイド

　リリアン・ウェストールは、一九〇七年に十四歳で小学校を出て、まずロンドンのキングズ・クロスにある洗濯屋で九か月働き、それから郊外の家でナース＝ハウスメイドとして雇われた。このときの雇い主は、さほど裕福ではないようだった。

「主人は事務員かなにかでしたが、『ナースメイドを雇っている』という状況が大事だったようで、私にキャップと付け襟とカフスとエプロンをくれたのです。それから女主人は私を写真館に連れていき、子どもたちと一緒に写真を撮らせました。あの写

主人（小声で）「これは最上のクラレットかね?」メアリー（聞こえるように）「貴方がお持ちの中では最高です、旦那様」ワインの給仕をするパーラーメイド。『パンチ』1895年2月2日掲載。

作業室で食器を手入れし、レディのもとに水を運ぶ。『カッセル・ファミリー・マガジン』1888年掲載。

真はたぶん、成長した子どものうち誰かの家に今も飾られていて、『小さい頃ナニーがいた』ということを示しているんでしょう」

つまり彼女の主人は、実情としては「子守もする十四、五歳のハウスメイド」をぎりぎりひとり雇えたにすぎないが、貴族の家のように、忠実で経験豊かな「ばあや」を持つような気分を味わおうとしていたのではないか。そうリリアンは推察しているわけである。

ナースやナースメイドの仕事のひとつに、乳母車を押して外へ散歩に行くというものがあった。その姿はよくひと目につき、街角の風物詩になっていたようだ。

そして同じように百年前のロンドンでよく見られたメイドたちの姿といえば、朝、ドアの前の階段にひざまずいてこすり洗いをする様子である。一九三〇年代にロンドンでトウィーニー（ビトウィーンメイド）をしていたドリス・ヘイゼルは、玄関前の階段を「磨き石を使って白くする」とき、凍るように寒い朝の強い風が吹きつけてきたことを覚えている。それでも彼女は制服の上に何も羽織ることを許されなかった。そんなことをすれば、界隈《かいわい》で働く使用人たちと比較され「恥をさらす」ことになるからだ。

このように中流階級の雇用主たちは、世間一般、近隣一帯、表階段から迎え入れる「紳士淑女の訪問客」に対しては、自分がメイドを使っているという事実をほどよく見せることを望んだ。「パーラーメイド」という職種には、とくにその傾向が強かったようだ。パーラーとは「客間」のこと。貴族の大邸宅では、執事やフットマンのような男性の使用人がしていた仕事を、もう少し小さな世帯では彼女たちが請け負った。食卓の給仕と玄関の応対、客の取り次ぎといった、階上の人びとの目にふれる業務である。背の高いきれいな子が好まれ、すなわち装飾的な機能が重視されていた。

多くの小規模世帯では、掃除と給仕を兼任するハウス＝パーラーメイドも雇われ、階上と階下の両方を行き来していた。しかし「パーラー」抜きのハウスメイドとなると話は変わってくる。ヴィクトリア時代の画家ウォード夫人は、三代クルー卿の邸宅で体験したできごとを回想している。チャペルには大勢のハウスメイドが集まっていたにもかかわらず、礼拝が終わって角を曲がると「奇妙にも消えてしまう」。ある朝、

暖炉を掃除するとき、灰をふるいに通して燃え殻をより分け、再び使うための器具。

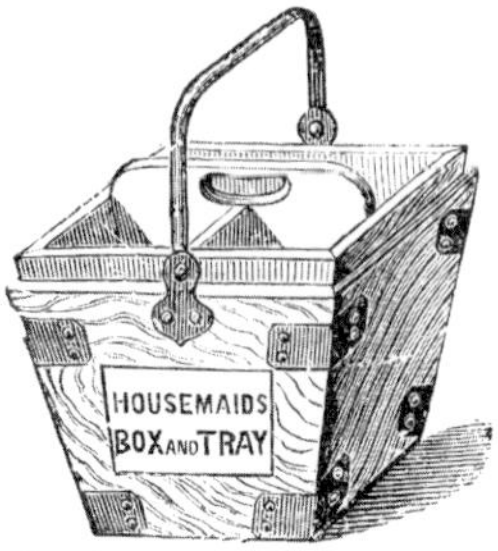

各種のブラシやぞうきん、磨き剤を入れて持ち運ぶハウスメイド・ボックス。「ハロッズ」1895年カタログ掲載。

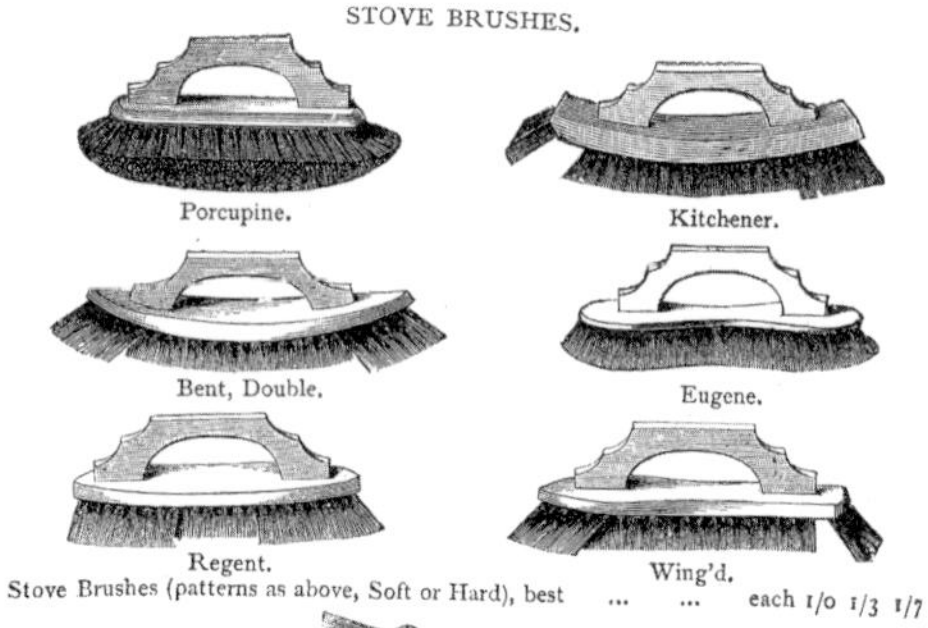

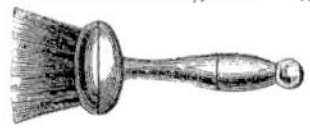
丸みをおびたレンジ用のブラシ。用途によりさまざまな形と材質のものがある。1シリング〜1シリング7ペンス。

頼みたい用事があったので、廊下でちらりと姿の見えたハウスメイドを追いかけてみたが、やはり逃げ切られて無駄な結果に終わった。主人のいとこであったハウスキーパーに聞いてみたところ、その家には「使用人の誰であっても、来客に姿を見せてはいけない。破ったものは解雇」という厳しい規則があることがわかった。

姿のみえない「家の妖精」

適用の程度はともかく、この種のルールを敷く家は少なくなかったらしい。一九〇一年に出版された家事使用人向けのマニュアルでも、「あなたがハウスメイドなら、静かに仕事をするだけでなく、可能な限り姿をみせないようにすること」と書かれている。

前述のハンナ・カルウィックは、国内あちこちの雇い主のもとで働いてきた。なかでも海岸リゾート地のマーゲイトで勤めたナイト嬢の宿屋は良い職場だったと考えている。一八六四年と一八六七年の二度にわたって働きに行ったが、それほど裕福でな

家族の留守に訪ねてきた客に応対するパーラーメイド。『パンチ』1895年3月23日掲載。

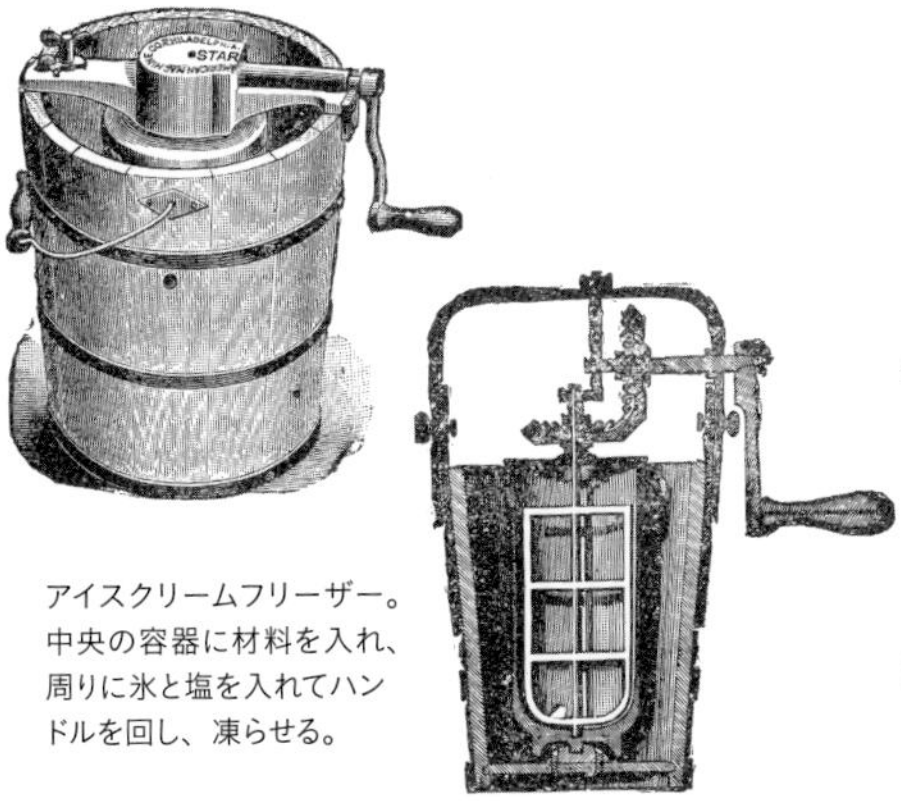

アイスクリームフリーザー。中央の容器に材料を入れ、周りに氷と塩を入れてハンドルを回し、凍らせる。

ナイフクリーナー。磨き剤をつけてセットし、ハンドルを回してきれいにする。

洗い終わったシーツなどを絞り、しわを伸ばす搾り機（マングル）。ヴィクトリア時代の洗濯室にはたいてい備えられていた。

お湯を運ぶためのじょうろ（カン）。1リットルから13リットルまでサイズはいろいろ。

ディナーの準備がととのったことを知らせるときなどに鳴らすゴング。

いせいか長くいることはできなかった。女主人はハンナを大事にしていた。寝室で汚れにまみれて働く姿を見ることをいとわず、やさしく話しかけ、ハンナの汚れた手を自分の洗面用の水で濡らすことまでしてくれた。しかしその後、一八六八年から三年半働いたヘンダーソン家では、ハンナは階上に姿を現すことを禁じられた。人手が足りず、お茶一式を運び上げなければならなかったときには、トレイを「ドアの外に置き、姿が見えないように注意をはらう」ようにハウスキーパー役をしていた同家の令嬢から言い渡されたという。

　後に料理方面へ進むことになるジーン・レニーは、十七歳で初めて使用人の仕事についたときには、城館の第三ハウスメイドだった。ご家族が使わない時間に、寝室に行って晩餐用のドレスを用意しておき、着替えの時間を知らせるゴングが鳴る前にさっと出て行く。寝室で着替えが行われているあいだ、応接間やビリヤードルームを回って新聞や雑誌を整理し、クッションに空気を含ませ、暖炉を掃除して火をかきたてる。そして晩餐がはじまったら、入れ替わりでまた寝室に行き、ベッドの支度を整えておくのだ。彼女はいう。

「たぶん、私たちは見えてはいけない存在だったのだ。思うに、それは、まるで妖精が部屋にいたかのように感じられたことだろう」

　こぎれいな制服を着せてひけらかしたい気持ちもないではないが、本来ならば卑しく汚い労働は視界から消しておきたい。雇い主の態度は矛盾していた。仕事の内訳や時間割が家ごとにさまざまだったのと同様、奥様とメイドの関係も、家の規模と人員構成、属する階級や地位、そして人それぞれの性格によって違いがあった。次章では、そのありようについて見ていきたい。

第4章 メイドと奥様

朝食の前に行われる「家族の祈り」。晩餐室で主人が聖書を読み、壁際に座ったメイドたちが聞いている。フレデリック・エルウェル「スクワイア（または家族の祈り）」1931年。

神がさだめた秩序

「召し使いたち、心からおそれ敬って主人に従いなさい。善良で寛大な主人にだけでなく、無慈悲な主人にもそうしなさい。不当な苦しみを受けることになっても、神がそうお望みだとわきまえて苦痛を耐えるなら、それは御心に適うことなのです」（『新約聖書』新共同訳「ペトロの手紙」二章18節）

ヴィクトリア時代の応接間では、朝か夕、場合によっては両方に、「家族の祈り」の時間がもうけられていた。主人が選んだ聖書の一節を読んできかせるその場には、家事使用人も仕事を中断して参加することを求められた。一部の家では二十世紀まで続き、一九〇九年に牧師の家のトウィーニー（ビトウィーンメイドの略称）だったチャップ嬢は「家族の祈り」が毎日おこなわれていたこと、日曜日には教会に行くよう求められたこと、さらに牧師の娘による「聖書教室」があったことなどを証言している。また、ケタリンガムという別の邸宅では、祈りのあとに、悪い行いをした使用人を他の面々の前で訓戒するというならわしがあった。

　とくに好んで引用された言葉は、不公平に見える世の中も神のさだめた秩序であるとして、主人の権威を強化し、下の者に服従を求めるものだった。「キリストに従うように、現世の主人に従いなさい」と、目の前の「現世の主人」自身が言うわけである。聞いていた使用人たちはどんな気分だったろう。説かれた秩序を受け入れ、雇い主から贈られた聖書を大切に持っていたという人もいれば、反抗心を募らせるメイドもいたようである。

　こうした「ためになる言葉」は、厚紙に貼って彼女たちの寝室の壁にもつるされた。祈りの時間に読み聞かせるだけでなく、朝晩かならず目に入るようにしたわけである。そして奥様たちは、聖書のほかにもいろいろな名言やことわざを拾い集めて、使用人区画に掲示させた。カントリーハウスのキッチンには、壁に装飾文字で「無駄がなければ不足なし（Waste Not Want Not）」とペイントされているところが多い。「清潔は敬神に次ぐ美徳（Cleanliness is next to Godliness）」もお決まりで、あらゆる家に遍在していた。

リワード・ブック

　従順を奨励する宗教教育は、「二流の職場」へつく以前の少女時代からすでに始まっている。労働者階級の子どもは教会の日

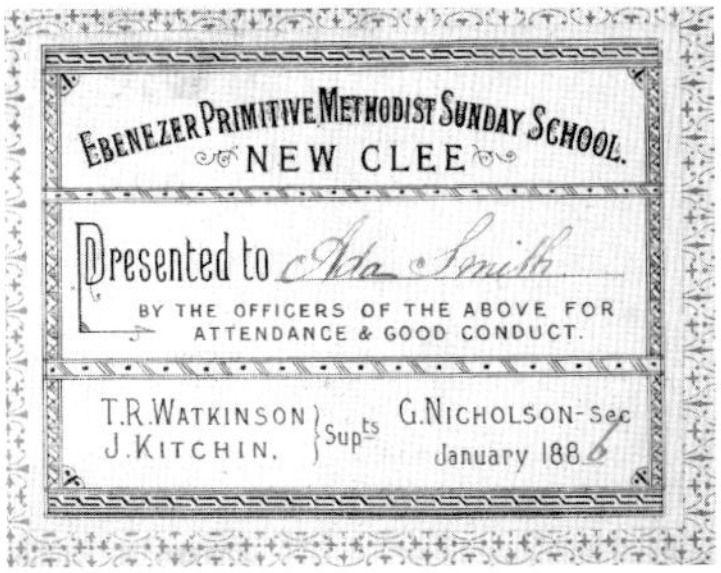

EBENEZER PRIMITIVE METHODIST SUNDAY SCHOOL.
NEW CLEE
Presented to Ada Smith
BY THE OFFICERS OF THE ABOVE FOR
ATTENDANCE & GOOD CONDUCT.
T.R.WATKINSON } Supts G.NICHOLSON-Sec
J.KITCHIN. } January 1886

カバーの見返しに貼られたプレート。リンカーンシャーのプリミティブ・メソジスト派日曜学校でエイダ・スミスという女の子に贈られた。1886年。

『ビディ、メイド・オブ・オールワーク』エディンバラの出版社が出した小冊子。1868年初版。

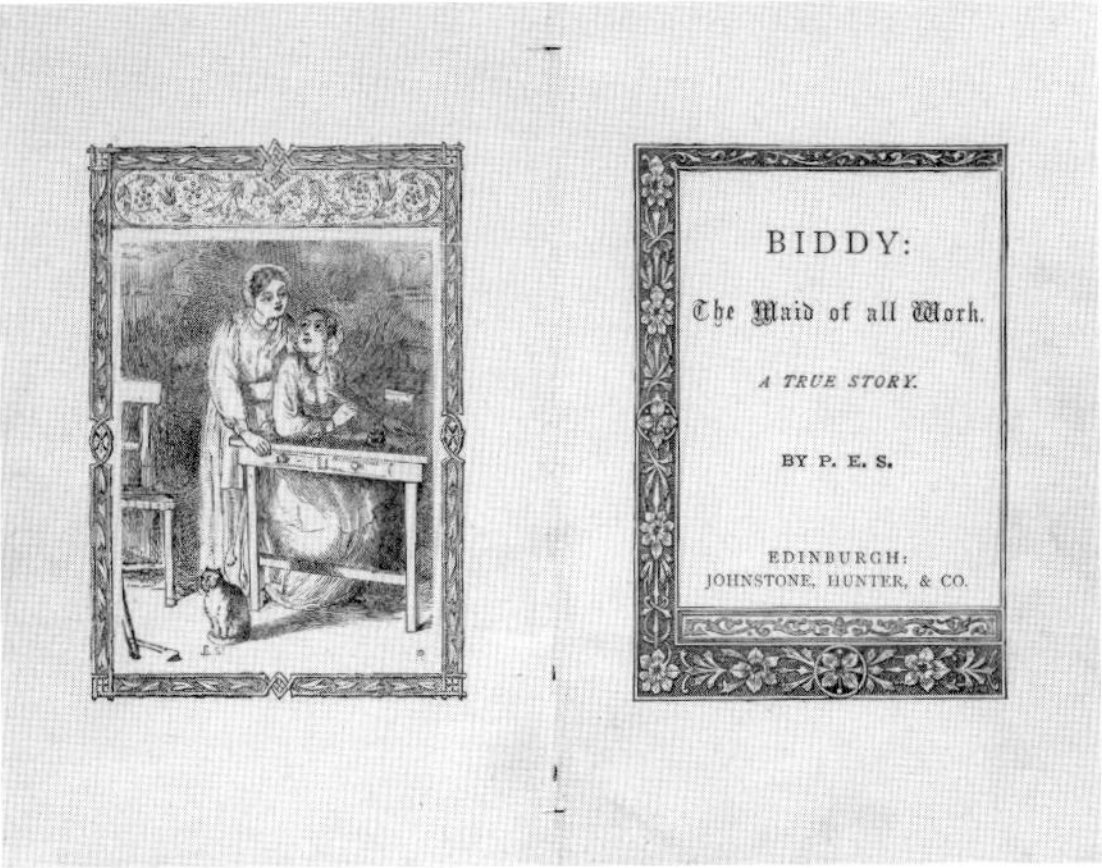

BIDDY:
The Maid of all Work.
A TRUE STORY.
BY P. E. S.
EDINBURGH:
JOHNSTONE, HUNTER, & CO.

文字が書けないビディは同僚のジェシカに頼んで家族への手紙を代筆してもらう。ちょっと怖い表情だが友情を深めている場面だ。

母の膝で初めて「家族の祈り」に参加するお嬢様。うるさくするな、と言われていたのに「おじいちゃんがうるさくしてる！」と指摘。『パンチ』1881年12月6日掲載。

1

中扉。おそらくヒロインの墓を訪ねる元女主人といったところ。

2

両親を相次いで失ったエレンはガヴァネスの道に入る。リチャード・レッドグレーヴの有名な絵画「かわいそうな先生」を明らかに模倣した挿絵。

3

12歳以下の幼い子たちだったが、おとなしく従順な生徒に恵まれ、雇い主からは丁重に扱われて幸福にすごしていた。

4

なくなった金の鉛筆ケースがエレンの荷物の中から発見された。メイドのソフィアが嫉妬にかられて陥れたのだ。

5

地元の教会に熱心に通う。神に任せて信じていれば、正しいものに光を与える裁きがいずれ訪れる、という聖書の言葉に救いを感じる。

6

実家に戻って細々と生徒をとって教えていたが、窃盗の疑いで解雇されたという噂が広まり、寝込んでしまう。

7

エレンに無実の罪を着せたメイドのソフィアは良心の呵責に耐えかね、死の床で罪を告白する。

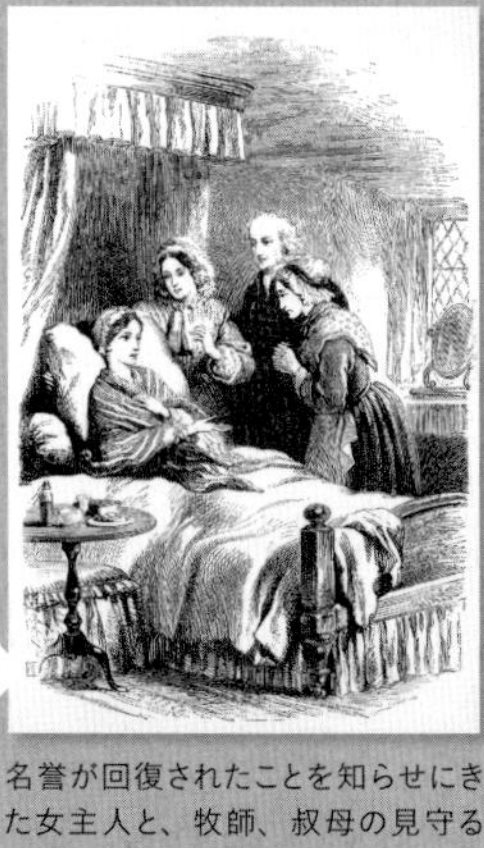

8

名誉が回復されたことを知らせにきた女主人と、牧師、叔母の見守る中で、肺病により神に召されるエレン。

J・T・バー作『ガヴァネス、または失われた鉛筆ケース』1875年頃。

REWARD BOOK

神への信仰を軸に、正直で忠実で働き者のメイドになるよう導く月刊誌。1838年から69年まで発行されていた『使用人マガジン』1867年。

曜学校に通ったが、そこではクリスマスプレゼントやさまざまな場面の賞品として「ごほうびの本（リワード・ブック）」がよく贈られていた。十九世紀の後半に刷られた本には、小ぶりでページは少ないながらも金の箔押《はくお》し加工がほどこされ、挿絵の充実した可愛らしいものが多い。ただし、その内容はというと、例外なく信仰・勤勉・服従・献身を勧め、虚栄をいましめる、とてもお説教くさいものである。

十九世紀後半から二十世紀初めにかけて、児童むけ文学の世界では、『不思議の国のアリス』をはじめ、時代を超えて愛される名作が数多く生みだされた。教育的効果から解放された物語が飛躍の時を迎えていたのだ。その一方で、『アリス』以前の道徳観を背負った教訓物語もまた、引き続き大量生産されていた。その多くは今では色あせ、すっかり忘れ去られている。

メイドの日曜日の行き先を問いただす奥様。「屋外サービス」に行ったというが……サービスには「礼拝」と「軍人」、また「使用人」の意味もある。『パンチ』1887年3月26日掲載。

たとえば、その名も『ビディ、メイド・オブ・オールワーク』という本の主人公は、アイルランド生まれのメイドだ。ブリジット、略してビディは、アイルランドに起源をもち、とくに同国出身のメイドにありがちな名前とみなされる。彼女は初め、教会に行っても居眠りばかりしているが、奥様の弟の紳士から新しい綺麗《きれい》な聖書をもらい、信仰に目覚める。同僚のメイドや隣人、雇い主の娘にも良い影響を与えていく。しかしある日、令嬢が熱病に倒れ、決死の看病をしていたビディも感染して病院に送られてしまう。病の床ですら無神論者の医者を感化し、やがて世を去っていくビディ。その後、ひっそりと建つその墓の前には、彼女のおかげで生命も魂も救われ、自分の子どもをつれて訪れた令嬢の姿があった。

周囲から愛されながら、文字どおり命を賭《と》した献身の末に、若くして世を去る。実にセンチメンタルな物語である。「真実の話」と称するこの小さな冊子を受け取った少女たちが、ビディのりっぱな生涯を見習おうと素直に思ったかどうかはわからない。しかし、ここには筋立て以外に見過ごせない要素もさりげなく含まれているように思う。それは、異文化出身の移民をメイドとして受け入れて、正しい信仰の道を教える、という部分だ。現代の日本からは見えづらいことだが、当時の生活文化の中で、出自と教派の違いはストレートに大きな意味を持っていた。

国や教派による制限

十九世紀の半ば、ジャーナリストのヘンリー・メイヒューは、あるアイルランド女性から身の上話を聞いている。彼女は十五

若い奥様「私がキッチンに行ったのに誰も立たないとは驚きましたよ」ジェーン「私たちもです奥様、ランチの最中に入ってこられるとは」礼儀の押し付け合い。『パンチ』1868年4月11日掲載。

フープ（クリノリン）は禁止。スカートを広げる下着クリノリンは1850年代から60年代に大流行した。安物なのでメイドのものは短い。『パンチ』1863年11月21日掲載。

歳のときに家事使用人になり、酔って暴力をふるう主人、善良な奥様、さまざまな職場を経験してきたが、中には教派の問題で去らざるをえなかった家もあった。その雇い主は彼女のカトリック信仰をことあるごとにけなし、ミサではなく自分たちと同じメソジスト派の礼拝に通うよう強要した。この命令を拒んだ結果、給料さえろくに払ってもらえなかったのだ。当時、雇い主とトラブルを起こして紹介状なしに解雇されると、次の職につけずにそのまま困窮していく例が数多くあった。しかし彼女は親切な同郷の知人にすすめられて、イチゴを仕入れ、果物売りで生計をたてるようになる。その後は結婚し、夫と助け合って暮らしたという。

　メイドを求める当時の新聞広告の中には、「クリノリン禁止」「良い人物証明書が必要」などの条件に混じって、「アイルランド人は応募に及ばず」「ノー・カトリック」「英国国教会の信徒以外は不可」といった、国や教派に関する制限が記されることがあった。主人は使用人に従順を教えるため信仰を利用した。そして一部では、自分の庇護下《ひごか》にあるメイドたちが、何をどのように信じるかという問題にも踏み込もうとしていた。

奥様と女性使用人の関係

　女主人はメイドたちの心と身体の「面倒を見る」ことを自分たちの使命と考えていたので、毎週（家族と同じ）教会に通っているかどうか、そのときに着る晴れ着は派手すぎないか、清潔な制服と帽子をきちんと身につけているかなどに関心を寄せた。門限の厳守、ひいては異性との不適切な交際はとくに気にした。もちろん、仕事の能率もチェックする。与えた課題をなまけずこなしているか、無駄なゴミを出していないか、帳簿に不正がないかなど、項目によっては毎日の監査があった。

　女性が女主人とメイド・オブ・オールワークのみの小さな世帯であれば、密なコミュニケーションをとり、家事労働を分担することも日常の光景であった。世帯規模が大きくなり、雇われる人数が増えると、下級メイドと奥様のあいだには管理職が置かれ、距離ができる。女性使用人の管理者は、ハウスキーパー、コック、またはその両者を兼ねるコック＝ハウスキーパー、各部署の長などだった。

コック「前に勤めたところでは、奥様が『私の』台所に入るときは必ずノックしたもんですけど」立場の逆転。『パンチ』1853年4月9日掲載。

気温30度の真夏日に「3ペンス分の氷」を注文させる奥様。『パンチ』1885年8月8日掲載。

コックは朝、女主人と面会し、その日のメニューの承認を受けなければならなかった。この「儀式」がどこで行われるかは、家によってさまざまだった。コックが階上の応接間や居間に呼び出されることもあれば、コックが専用のオフィスを与えられていて、そこで打ち合わせがなされることもあった。ある公爵家では奥様の朝食の盆と一緒に、執事がその日のメニューブックを届けるというシステムをとっていた。中流階級では、女主人がみずからキッチンに降りていって対話することも珍しくはなかった。いずれにせよ、その場からキッチンメイドは締め出されることになった。

キッチンメイドはコックのアシスタントであり、作業台を磨きあげ、その上に調理器具をセットする役目を担当した。初めての職場で、マーガレット・パウエルは、自分なりに使いそうなものを考え、ナイフ、スプーン、フォーク、小麦粉と塩、ふるいなどをひととおり並べておいた。しかし他部署の先輩メイドから笑われてしまう。正解は、ありとあらゆるサイズと形状のナイフ、スプーン、泡だて器、ふるい、おろし金、大小のまな板、スパイスや粉類、その他もろもろをところせましと並べておくことだった。こんなにあっても全部は使わないんだろうな、と思っていたのに、まったくそんなことはなかった。何度も洗っては

「ライム・パーク」のキッチン。右から順にシェフ、キッチンメイドとスカラリーメイド、下働きの男性（オッドマン）。さまざまな調理道具が外科手術のように並べられている。

リンカーンシャー生活博物館のキッチン道具の展示。ナイフクリーナーと皿棚に挟まれた中央の器具は浄水器だ。

拭いて、出し直す必要さえあったのだ。
　ジーン・レニーも同様のセッティングを任されていた。一部の家では、朝に奥様が打ち合わせに降りてくるたびに、せっかく並べた器具全部をいったん片付けて、終わったらまた並べなおすということを求められた。省略は許されなかった。労力の無駄このうえない。しかし当時のキッチンでは、決められた正しい手順で物事を進めることが大切にされていたのである。それに、最下層のメイドの労力を節約してあげようなどとは、奥様もコックも誰も考えなかったのだろう。

「今からコックに解雇予告をするから、ここで聞いていて。私が言い終わったらすぐに呼び戻してね」と弟に頼む若奥様。『パンチ』1884年11月22日掲載。

芸術的な技術でデザート用の糸あめを作る。温めた砂糖をフォークと麺棒で糸状に伸ばし、ふわふわに。

　マーガレットもジーンも同様に、気難しいコックの下について苦労したことがある。当時の料理人は総じて気が短く、気に入らないことがあればさっさと転職してしまうものと考えられていた。十九世紀の前半に創刊された中流階級向け風刺漫画誌『パンチ』には、強そうな中年の料理人に脅かされる気弱な若奥様、というテーマがよく現れる。もちろん漫画なので現実を誇張して描いている面は多分にある。だが、レディたちは少女の頃から「卑しい労働」から引き離されて育ち、料理の基礎も知らずにきていた。そんな彼女たちが家庭を持ったとき、たとえ「神の秩序」では自分が上だと信じていても、身ひとつで生きられる技術をもち、家族の食生活を握るコックに対しては脅威を感じたのだろう。力関係の逆転である。

　奥様は決められた「儀式」の時間以外にキッチンに立ち入ることはほとんどなく、下位スタッフとの接触は管理職を通して行った。たとえば下級のメイドがやめたいときは、ハウスキーパーがいるなら彼女に言えばそれでよかった。いない場合は、パーラーメイドなどを通して奥様の「面会予約」をとらなければならなかった。同じ屋根の下で暮らしながら、心理的な壁は高い。キッチンメイドのマーガレット・トーマスは、ヨークシャーの大きな邸宅で働いていたとき、女主人と一度だけしか会わずに終わったのだという。

子どもたちとメイドの関係

　キッチンにはマーガレット・パウエルのように自意識の強い反逆児ばかりがいたわけではない。コックはただただ恐れられる存在だったというわけでもない。奥様と旦那様を心から敬愛し、勤める家を誇りに思い、お嬢様お坊ちゃまを猫かわいがりする人びとも確かにいた。そうしたタイプの使用人は、伝統的な主従関係が保存された上流階級に多かったようだ。
　家族たちの「表側」と使用人の「裏側」

には境界線があり、おいそれとは乗り越えられないものだった。しかしカントリーハウスの子どもたちにとって、その線引きはあいまいに見えていた。保護者から厳しく制限されることも多かったが、それでも彼らはたびたび境界を踏み越え、「裏側」に入り込んだという。キッチンや使用人ホールに入り浸ってごちそうの残りにありつき、叱られたときにはハウスキーパーからこっそりお菓子をもらい、メイドたちと遊びながら日々をすごした。将来は労働とは無縁の生活に入るよう運命づけられていた少年少女も、一部の家では執事から銀器の磨き方を、レディーズメイドから縫い物や編み物を、そして料理も遊びながら教わっていた。

ヴァイオラ・バンクス*は一九〇〇年、ドーセットにあるキングストン・レイシーという瀟洒《しょうしゃ》な邸宅の次女として生まれた。彼女は子どもの頃、母親が海外へ出かけていったその瞬間、石張りの床のキッチンに突進し、使用人と一緒に女主人の留守を祝ったという。コック＝ハウスキーパーのミセス・ジェンクスからはペストリーの作り方も教わった。この「大好きなジンキー」は、小さな姉妹がいくらキッチンを粉だらけにしても怒らなかった。けれど後年、ロンドンの社交界にデビューしたヴァイオラとその姉が、舞踏会でさんざん踊ったあと、補充したばかりの食糧庫を深夜に強襲したときにはさすがに叱られたようだ。

十九世紀から二十世紀初めにかけて、中・上流階級の家庭では、子どもと両親の生活空間は隔てられているのが一般的だった。親子が食卓をともにする機会はほとんどなく、会うことを許されるのは日に一度、午後のお茶のあと、さらには親たちの気が向いて子ども部屋を訪ねたときくらい。普段の食事には、ナースやナースメイド、成長したあとには家庭教師が同席した。遠く仰ぎ見る上品な両親より、身近な彼女たちのほうが血の通った存在に思えたかもしれない。

メイドと子どもたちの境遇には多くの共通点がある。まず、半人前の人間、教化すべき対象とみなされ、大人たちのフォーマルな世界に姿を見せることをなかば禁じられていたこと。キングストン・レイシーでは、子どもと使用人は同じ裏階段を使い、大理石の主階段は許されていなかった。

黒いストッキングをはき、午前は質素な服、午後にはこぎれいなドレスに着替えなければならなかったこと。「子どもは見られるべきもので、声を聞かれてはいけない」ということわざは広く知られているが、それは使用人にもあてはまる。似通った背

茶会に出席するためナースに着替えさせられる子どもたち。いい子にしなくちゃいけないのは不満の種。『パンチ』1871年カレンダー。

トミー坊ちゃん「パパはケンブリッジだから、大学対抗ボートレースはそっちが勝つといいよね。コックの父さんはどっち、オックスフォード？」――そんなわけはないけれど、こわもて料理人も坊ちゃんには甘い顔。『パンチ』1881年7月1日。

＊　ヴァイオラ・バンクス
地主バンクス家の次女。両親は美男美女として社交界で知られ、邸宅には王室や貴族の人びとが数多く訪れた。自身は1927年に医師と結婚。回想録『キングストン・レイシーの子ども時代（A Kingston Lacy Childhood）』（1986）ほか。

景をもった二つのグループは、接近し、秘密を共有した。親の愛情を求める子どもたちはナニーやメイドを身代わりにし、使用人たちもまた、子どもとのかかわりを通して、雇用主と直接には結びにくい精神的なつながりを探ったのだろう。

ロジーナ・ハリソンは、かつて仕えていた若い令嬢が、外国の花嫁学校に送られて戻ってきたとき、それまでの気安い態度が消え、大人と同様によそよそしくなっていたことに気づいた。「再会した彼女は、ほとんど見知らぬ人のようでした」――子どもたちもいずれは両親と同じ価値観を学ぶことになるのだ。

「今朝起こされたとき、私、何か馬鹿なことを言った?」「いいえお嬢様、でもそのような『お顔』をしていました」舞踏会の翌朝、率直なレディーズメイド。『パンチ』1872年8月10日掲載。

ひとつになる「私たち」

ナースやナースメイドたちは、子どもが幼いときから生活すべての面倒をまかされ、両親よりもよほど長時間・長期にわたって接することになった。親の信頼をたてに虐待に走るものも中にはいたが、子どもを甘やかし、愛情を勝ちえるナースもまた多かった。子どもが家庭教師の手に引き渡される移行期には、しつけと教育と愛をめぐって攻防戦が繰り広げられた。それでも彼女たちは、子守の必要がなくなって職場を離れて以降も、成長した子どもたちから「最愛のナニーへ」「なつかしい私のナニー」といった書き出しで始まる手紙を受け取り続けた。

一八三〇年代、フィッツハーバート准男爵夫妻は、ダービーシャーの本宅を離れているあいだ、半ば引退して領地内に住む元ナニーにあてて、頻繁に手紙を送っている。近況をやりとりする文面に続く内容は――「新しい家具とドアは部屋に合わせて白くしたいと母が言っています。寝室の煙突掃除も含めて、すぐに業者に手配をお願いします。仕事がきちんと行われるよう、きっちり監督してください」「あと、鶏小屋まで子どもが歩いていける砂利道をつくるよう、ディックに指示してください」――ナースのするべき仕事の範囲はすでに超えている。邸宅と領地の運営にかかわる、執事に近い職務まで元ナースに任せていた珍しい例といえるだろう。

執事、ハウスキーパー、ナースやレディーズメイドなどの上級職は、下級のメイドたちよりも雇い主に近い立場にあった。大きなパーティーが成功すれば執事は賞賛を受ける。レディーズメイドは奥様にドレスを着せ、そのセンスを評価される。ハウスキーパーは奥様に直接会って顔色をはかることができるし、ナニーは子どもたちの口にスプーンを運ぶ。このように直接のふれ

女の子の言葉遣いを注意する家庭教師。使用人たちよりもどことなく距離がある。『パンチ』1860年5月5日掲載。

あいが多い地位で、自分の働きかけへの反応を得られれば、「頼りにされている」という感覚が芽生えてゆく。そうして、自分は家族の一員である――「私たち」はひとつの家をつくっている、という充足感を得ていたのだろう。

　ロジーナ・ハリソンの回想記でも、女主人と自分の行動を記述するさいには、時折「アメリカの食事がおいしくて、私たち二人はちょっと太った」「私たちがサウサンプトンに着いたとき」「私たちは声を上げて笑いあった」などと、「私たち（We）」という言葉を使っている。彼女が仕えたアスター卿夫人*は非常に個性が強く、扱いの難しい人だった。気まぐれで毒舌で強圧的、使用人に対して感謝の言葉を述べることもしない。だがロジーナも、浴びせられる暴言に黙ってはおらず、ウィットに富んだ言い回しで激しく応戦した。

「私とあなたの違いはね、ローズ、私は命令を下すように生まれついて、他人をどう扱えばいいか経験でわかっているということよ」

「私とあなたの違いは、奥様、お金でございます。お金は力です。人はお金の力に敬意をはらいます。貴女がそれを持っているので皆は丁重に扱うのですよ」

　それは本心からの言葉ではなかった。女主人の行動に振り回されながらも、ロジーナはその奥の善意を感じ取っていたし、戦災時の勇気や社会奉仕活動には強い感銘を受けていた。夫人のほうも、口ではきついことを言っていても、最期まで自分のメイドを頼りにしつづけた。ロジーナ本人よりもその母親をなぜか丁重にもてなし、サイズが合うはずもない自分のドレスをやたらに贈りたがったという逸話がそれを物語っている。三十五年間も続いたアスター卿夫人との生活を振り返って、ロジーナは「彼女は、私自身の人生の『表現』になっていました」というのである。

　自分は家族の一員であり、奥様の身体の一部であり、そして人生という表現の共同制作者である――。理不尽なハードワークを苦にせず生涯を捧げた上級使用人たちは、そのように感じていたのかもしれない。

きちんと装ったお嬢様とお坊ちゃま。女の子は縄跳び、男の子は鞭を持っている。ナースたちによる「作品」なのだろう。

ナースメイドとお嬢様たちの記念写真。おそらく19世紀末。

インドの英国人家庭で雇われた現地出身の乳母。アヤと呼ばれる。子どもと一緒に本国へ連れてこられる場合もあった。

＊　アスター子爵夫人ナンシー
（アスター卿夫人　1879～1964）
アメリカ・ヴァージニア生まれ。夫の選挙区を引き継ぐかたちで下院議員になり、女性として初めて国会に登院した。厳格な禁酒主義者であり、女性と子どもの地位を向上させるため活動した。第二次大戦後に政界を引退。夫の死後はロジーナたち少数の使用人とともに暮らした。

column

メイドの名前と呼びかけ方

奥様「ポーリーナ、妹に口のきき方を教えたのでしょうね」ポーリーナ「すみません奥様、この子はちっともマナーを覚えないのです。私を呼ぶのに『様』もつけないで！」姉妹間にも礼儀あり。風刺漫画誌『ファン』1872年頃掲載。

地位と場面で名前が変わる

奥様が使用人たちを呼ぶとき、役職とランクによってその呼びかけ方は変わった。ハウスキーパーとコックの場合、苗字の上に、結婚しているいないにかかわらず敬称の「ミセス」がつけられた。家庭教師は「ミス・苗字」である。

マーガレット・パウエルは旧姓をラングリーといって、ある家では上品に「ラングリー」と、別の家では気安く「マーガレット」と呼びかけられた。キッチンメイドやハウスメイドなどの下級メイドはファーストネームが使われることも多かったが、レディーズメイドやパーラーメイドは苗字で呼ばれるのが一般的だった。いずれにしても奥様からは敬称なしの呼び捨てになる。

「マーガレット・ラングリー」という名前を見たある女主人は、キッチンメイドにはまったく不釣合いで、ショービジネスのような「軽薄な名前」だと思ったらしかった。美貌の女優にしてエドワード七世の愛人、リリー・ラングトリーを連想したのかもしれない。マーガレットによれば、メイドとして正しい名は「エルシー・スミスとかメアリー・ジョーンズとか」であった。スミスやジョーンズといえば、統計的にも英国で数の多い苗字のトップ2である。そしてメアリー、ジェーン、マーサなど、あるいはメアリー＝ジェーン、十八世紀以前からあるような、伝統的で「プレーンな」名前こそがメイドに似つかわしいと考えられていた。

ハンナ・カルウィックの回想によると、彼女は名付け親のレディと同じ「アンナ・マリア・ドロシア」という仰々しい名前をつけられるところだったという。しかし母親が、それは分不相応だからといって止め、プレーンで、名付け親の名前にもちょっとは似ていて、そしてメイドにぴったりなハンナという名を選んだ。

勝手に名前を変えられる

ハンナの母とは違って先進的な考えの親に「軽薄な名前」をつけられてしまったら――そうでなくても、主人一家の誰かと偶然名前がかぶってしまったら、別の名前に変えられることになる。一九三〇年代にナースメイドをしていたアグネス・メアリー・クラークは、小さな頃からメアリーと呼ばれてきたが、お嬢様のひとりと同名だったので、もうひとつのアグネスが使われた。そして、世話をしていた子どもにとって、彼女は「アギー」になった。同じ頃ハウスメイドだったマッジ・ピッカースギルの女主人は、彼女の名前を「フ

連載小説の挿絵。先代から仕え続けたコック＝ハウスキーパーの「ミセス・ベル」が、不慣れな若妻シルヴィアをやさしく支える。『カッセル・ファミリー・マガジン』1892年に掲載。

若奥様「ジェーン、男と会っていたわね」ジェーン「たった一度デートしただけです」奥様「でも、おまえ――キスをさせていたじゃないの？」ジェーン「いえ、ただの友だちですわ！」若奥様の風紀指導。『パンチ』1871年5月27日掲載。

アンシーすぎる」といって気に入らず、「あなたのことはマージョリーと呼びましょう」と決めてしまった。

もとの名前がどうであろうと、メイドが変わっても役職ごとに固定の名前で呼び続ける家もあった。イヴシャムのスチュワート夫人は、一九〇〇年代以前の祖母の家のことを覚えていた。そこでは、メイド頭はいつでもエミリー、その下はジェーン、コックはシャーロットでキッチンメイドはメアリーだった。また、ノーフォーク生まれの別の女性も、祖母の家のハウスメイドがいつでもエマと呼ばれていたことを記憶している。

英国のレディーズメイドはふつう苗字で呼ばれるものだったが、アメリカ南部生まれのアスター卿夫人は、自分のメイドのロジーナを「ローズ」と呼んでいた（「お黙り、ローズ！」が彼女の決め台詞である）。執事や従者（ヴァレット）の場合も同様のはずであるが、カナダ出身のある富豪は、自分の従者をファーストネームで呼んでいた。生粋の英国人であった従者のジョージ・スリングスビーは、主人の気さくな態度にはじめは少し驚いたが、反対などしなかった。英国と北米大陸では、主人と使用人の親しさの度合いはかなり違ったらしい。奥様とメイドのあいだの距離感は、呼びかけ方に表れるのである。

サフォークの「ハナム・ホール」の使用人33名の集合写真。地位に従って制服を身につけ、整然と並んでいる。

使用人ホールの「ディナー」。テーブルの片側に女性が、片側に男性がランクの順に着席している様子がうかがえる。1902年。

第5章

メイドと同僚

食事をめぐる「しきたり」

「使用人ホールのテーブルでは、執事が一番奥の端に座り、私の姉のコック＝ハウスキーパーが反対側の端に座っていました。姉の左にレディーズメイド、キッチンメイド、私（ビトウィーンメイド）が座りました。執事の左にはフットマン、運転手、エマ（ハウスメイド）、アリス（年配のハウスメイド頭）、その隣は私の姉のヒルダに戻ります。料理は地位の順に給仕されます。たくさんのしきたりと、ふるまいを規定する厳しいルールがありました。このしきたりはご家族たちも同様でした」

一九三〇年代にトウィーニー（ビトウィーンメイドの略称）だったアイリーン・ボルダーソンが言うとおり、使用人ホールの正餐《せいさん》はかたくるしい礼儀作法のもとにとりおこなわれていた。この種のしきたりは多くの使用人経験者が記憶しているもので、広く普及していたようだ。アイリーンがのちに勤めた別の邸宅でも同様のルールがあった。ただ席次が違い、テーブルの上座側の端に執事、下座には従者が着席していた。執事

応接室に集合した賓客は、執事から用意がととのったことを告げられると、一番地位の高い女性を伴った主人を先頭に晩餐室へと行列していく。邸宅「トラフォード・パーク」にて、ド・トラフォード准男爵とテック公爵夫人、1887年。

晩餐会の最後、レディたちが紳士たちを置いて晩餐室を出て行くところ。『パンチ』1883年掲載。

女性が去ったあと、男性はポートワインと葉巻で男だけの会話を楽しむ。『イラストレイテド・ロンドンニュース』1886年掲載。

の右隣のハウスキーパーが野菜をサーブし、ホールボーイが給仕する。

　メインディッシュが終わると、ホールボーイがうやうやしくドアを開いて押さえ、ハウスキーパー、執事、従者、二人のレディーズメイドが、列をなして使用人ホールを出ていった。この上級メンバーはハウスキーパーの部屋でデザートを食べるのだ。残されたメンバーにもデザートが出て、やっと話すことが許されるのだった。

　別のトウィーニーのドリス・ヘイゼルの記憶でも、お皿が出される順はやはり使用人のランクにしたがっていた。彼女は下っ端で一番最後になるため、「自分の番がくるまで何枚ものお皿を見送って、よだれが出そうになりました」。

　使用人たちの食事の儀式は、紳士淑女が開く晩餐会の手順を模倣したものだ。晩餐室では、食事が終わると女性たちは席を立ち、列をなして応接室に移動した。さらに執事もポートワインを出して部屋からさがると、残された紳士たちは男性だけで煙草と会話を楽しむ。そのあと応接室で男女が合流するのだ。

レディーズメイドとコックのどちらが偉いか論争が「家族の祈り」にまでもつれ込み、主人夫妻も困り顔。漫画的誇張のようだが心情的にはありそうだ。『パンチ』1872年6月1日掲載。

ご主人の言いつけでボーイが国勢調査を集めることに。「年齢はサバ読んどいたから。それじゃ恋人の数と警官か軍人どっちか、チップの年額と、経費の流用額と破損額とその他もろもろ教えて」『パンチ』1871年4月8日掲載。

沈黙の中の「ディナー」

ところで「ディナー」というと、一日のうちもっとも重要な食事のことをいい、属する階級によって時間帯が異なる。中流以上の家庭では晩の正餐をディナーと呼び、労働者階級では昼の正餐をさすのが一般的である。使用人たちが儀礼にのっとってフォーマルな食事をとるのは昼だった。また、紳士淑女の晩餐会では軽い会話をかわすのがマナーとされていたが、使用人ホールは多くの場合、沈黙が支配していた。アイリーンはいう。

「私たちは話したり笑ったりできるときを心待ちにしていましたが、黙っていなければなりませんでした。エマとは、この修道院みたいな静けさを乗り切るために、秘密のサインを使ったものでした。片方の眉毛をあげたら『マーマレードをとってくれる?』、ピクピクッとさせたら、彼女のいちばん近くにあるケーキをとってほしいという意味です。夕食の時間には会話が許されていて、来客のメイドや運転手と噂話をして楽しくすごしました」

ハウスメイドが皿を割って隠したことをひそかに噂しあうキッチンのスタッフ。『カッセル・ファミリー・マガジン』1894年掲載。

キッチンのスタッフは自分たちだけで食事をとることが多く、洗濯室や屋外で働く使用人のグループもやはり独自の食生活を送っていた。ナースや家庭教師は世話する子どもの部屋で食事をとった。その一方で、キッチンや洗濯室や厩舎のスタッフも使用人ホールにやってきて、食事どきはにぎやかな大所帯になる家もあった。誰がどのグループに入るかは、その家の構造や人員構成、慣習で変わる。ハウスメイド頭などは、ところによって上級の扱いであったり、そうでなかったりした。

一部の大邸宅では上級使用人と下級使用人の食事は完全に別になった。上下のグル

暖炉の前で子どもをお風呂に入れる。「ペットワース・ハウス」のナース頭、レイチェル・サンプター。1890年頃。

子どもに絵本を読んでいるナニー。キャップの形で彼女がガヴァネスではないことがわかる。

ナースが同席する子ども部屋の食事。寄宿学校で下級生を使うことを覚えてきた男の子が、えびをむくようナースに要求する。『パンチ』1870年9月17日掲載。

ープの溝は深く、ふだんはプライベートな交流を持つこともなかった。アイリーンが駆け出しの下っ端トウィーニーであったとき、姉のヒルダはすでに上級使用人だったため、「二人きりのとき以外は、他の人と同じように『ミセス』をつけて呼ばなければなりませんでした」という。

昇進と摩擦——レディーズメイドの場合

上級使用人と下級使用人のあいだの境界線は、ひとつの職場で昇進していくときには越えがたい「壁」としても機能した。同じ邸宅で下級から上級へあがるのは、慣例上は難しいといわれていたのだ。とはいえ一部にはランクアップが可能な家もあり、雇い主の意向で抜擢《ばってき》が行われることもあった。そんなときは、周囲とうまくやれなければ、嫉妬を受けて苦労するはめになる。大邸宅のネブワースで、あるハウスメイドがレディーズメイドに昇進したとき、上級使用人たちは彼女を「悲惨な日にあわせた」という。

ナースやレディーズメイドといえば、前章で見てきたように、雇い主たちと直接のふれあいが多く、一体感を養いやすい職種である。しかしそのように「私たち」を包む親密な感情は、階下では不和の原因になりえた。レディーズメイドが奥様に近づけば近づくほど、スパイをしているのではという疑念を呼び、周囲の心証は悪くなった。この仕事に就くためには仕立てや帽子作り、髪結い、フランス語など追加の教育を受ける必要があったことも「お高くとまっている」と叩かれる要因になった。そもそも雇い主からは、上品な言葉遣いと優雅なマナーが求められる部署だったのだから、当然の帰結ではある。

ロジーナ・ハリソンもレディーズメイドだったが、ほかのスタッフとは良好な関係を保っていた。その秘訣のひとつはクリスマスプレゼントにあったようだ。奥様からプレゼント選びを一任された彼女は、毎年、絶妙なチョイスで好評を集めていた。ある年などは奥様を説得して、彼女のアクセサリーを放出させることに成功し、メイド一同を大喜びさせたという。

「別格」のナニーたち

古参の「ナニー」たちは家族の代理人を

自認し、どの家でもお決まりの対立を招いていた。キッチンは、女主人でさえ時にノックして入室許可を求めるほどに、コックの聖域であった。しかし仕事熱心なナニーはその独立性に注意をはらわず、お坊ちゃまお嬢様のお食事に注文をつけるためにどんどん踏み込んでいったのだ。マーガレット・パウエルは、そんなコックの気持ちを「パーラーメイドやハウスメイドやコックからしてみれば、ナニーやナースメイドは、自分たちの方が格上だと思っているように見えたし、実際そのようにふるまっていた」と代弁している。

「あの人たちは階上の人間と接する時間の方が長いし、夜、お子様たちをお休み前に応接間につれていくときには、彼女たちも『彼ら』と一緒に着席した。だからといって、もちろん『彼ら』の一員なわけではない。階下に降りてきたら『私たち』の仲間でもない。彼女たちは『彼ら』と仲良しだから、『彼ら』について話したことは、なんでも伝わってしまうと私たちは思っていた。たぶん、実際にはそうではなかったのだろう。でも、そうかもしれないように見えたのだ」

子ども部屋側の言い分はというと——二十世紀初頭に大きな家のナーサリーメイド（子ども部屋付きメイドのこと。ナースメイドと同義）になったサラ・セジウィックの体験では、「階下の使用人」とは会ったら話すくらいはするが、かかわりは持たず、使用人ホールに足を踏み入れることもなかったという。そしてあるとき、その部屋でハウスメイド頭を見かけた。

「彼女は黒いサテンの服を着ていて、他のハウスメイドの監督をするほかには、何も仕事をしていませんでした。ただ歩き回るのに時間を費やして、そしてドアを閉めてしまいました。私の毎日しなければならないことにくらべたら、楽そうな仕事に見えました」

立場が違うと相手の見方もさまざまである。ナースやナースメイドたちは、子どもの世話に関するすべてのことを、子ども部屋だけのスケジュールにのっとって行っていた。食事の世話、着替え、散歩、風呂に入れて絵本を読んで寝かしつけ、そのあいまには子供服の洗濯や繕い物もする。子ども部屋の掃除や暖炉の火の世話、専用食器の手入れなども、ハウスメイドにはまかせなかった。子どものしつけという観点で、他の部署以上に時間割厳守が求められたこともあり、たしかに多忙な仕事ではあったのだ。

カントリーハウスの勉強部屋で子どもを教えているガヴァネス。

よるべない家庭教師《ガヴァネス》

階上にも階下にも属せない——という悩

みは、家庭教師や淑女の身分のハウスキーパー（レディ・ハウスキーパー）にひとしくふりかかった。とりわけ家庭教師のあいまいな立場はヴィクトリア時代の社会問題として扱われている。彼女たちは階下からも排除されていたが、階上の親たちにも軽んじられていた。娘の教育内容に対する親の関心は総じて薄く、「淑女のたしなみ」をひととおり教えたら、あとは針仕事でもやっていればよいという認識だった。親からこのように扱われていれば子どもたちからも尊敬されず、さらに追いつめられることになった。

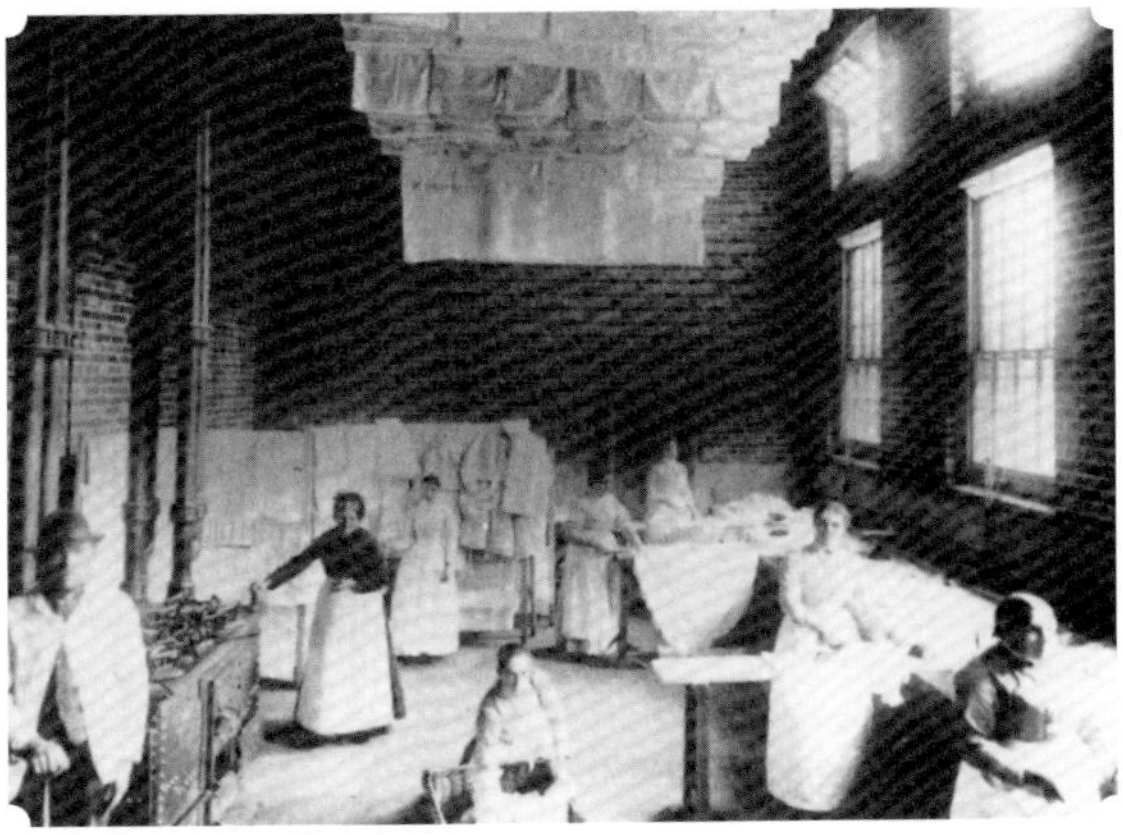
「ペットワース・ハウス」のランドリー。ストーブでたくさんのアイロンが温められており、冷めるたびすばやく取り替えて使う。おそらく1870年代。

スコットランドの「キナード・カースル」ランドリー。ランドリーストーブが中央にある。煮洗いと搾りは別の部屋で行われていたようだ。1898年。

　十九世紀の初めに家庭教師になったエレン・ウィートンは、その頃の状況を書いている。自分自身は不満をこぼす理由はないが、と断りつつ、「ガヴァネスはほとんど社会から閉め出されています。召使いと交わることをよしとせず、さりとてその家の主人や訪問客によっては対等の人間としては扱われず、彼女は安らかで幸せな気持ちでいるためには、かなりの辛抱強さと精神力を持ち合わせていなければなりません」と手紙につづった。

　エレンは商人の娘であったが、幼い頃に父親が死亡し自活の必要にせまられてこの仕事についた。中流階級ないしは上層労働者階級の家に生まれた彼女の同業者たちは、理想としては賃労働をしないで暮らせる「レディ」の身分でありたかったのに、現実には他人の家に世話になり、働いて報酬を得るという「卑しい」行為に手を染めざるをえなかった。このように心に屈託があれば、雇い主との一体感や、仕事へのやりがいを感じるのは難しかったことだろう。

対立の火種

　雇い主や上役や他部署への不満がつのるとき、もし話をする同僚がそばにいれば、批判の対象を同じくすることで、使用人たちは気持ちをひとつにしていった。ともに働き、生活する集団のなかで、異なる文化を持つグループは、それだけで攻撃のターゲットになることもあった。

　キングストン・レイシー邸の令嬢ヴァイ

オラ・バンクスは、少女時代を振り返って、家族と使用人の関係は良好だったと考えている。労働条件は決してよくなかったはずだが、ここで働くことは恩恵だと思われており、結婚以外でやめるメイドは少ないので勤続年数は長かった。ただ、中には例外もある。

洗濯室には、アイルランド人のランドリーメイド二名が姉妹で雇われていた。姉のほうは気の毒なほどほっそりした、やさしいジュリア。妹は、かなりぽっちゃりしていて気立てのよいエレン。二人が大きなボイラーでシーツを煮洗いしたり、暑さに頬を赤くしながらアイロンをかけているところを、裏階段の窓からヴァイオラはよく眺めていた。姉妹は八キロも離れたカトリックの教会に毎週通うほど敬虔《けいけん》な信徒だった。仕事場には地元の神父がときどき訪れ、窓越しに話をしているところを見かけることもあった。二人の嬉しそうな顔、その「奇妙な幸福」が、信仰の異なる他の使用人たちには気に障ったらしい。神父と姉妹の三角関係を勘繰る悪意に満ちた戯れ歌がつくられ、居づらくなった二人は結局やめることになってしまった。このできごとは、のちのちまでヴァイオラの心に影を落とした。

「ある日の早朝、出発する彼女たちは子ども部屋にあいさつに来てくれたのですが、私は薄情な子どもだったのか、それとも別れの場面でひどく悲しい気持ちになるのがこわかったのか、呼びにきたナーサリーメイドに頼んで、寝たふりをしてしまったのです」

ある「ハウスメイド＝コック」は、使用

近所のメイドが仕事のあいまに立ち話。「メイド・オブ・オールワークたち」を題材にした非常に珍しい絵画。ジョン・フィニー、1864 ～ 65年。

木陰で噂をすれば、噂の的の奥様の弟が。「月桂樹の木」は匂い消しのため洗濯物干し場のそばに植えられた。『パンチ』1871年3月4日掲載。

人どうしの関係が難しいので「四人雇われている職場で働くのがいいと思っています。大きい家よりもそのくらいのほうが雰囲気がいいとわかったんです」と述べている。三人だと足りない。二人が結託してひとりをはじき出す可能性があるからだ。

それでも、争いも同盟も、相手が誰もいなければできないことだ。ひとりしか雇われていないメイド・オブ・オールワークの職場は孤独との戦いになった。にぎやかな大家族から出てきて突然、食事もベッドもひとりきりの生活になると、寂しさは倍増したことだろう。雇い主の命令に答えるときと出入りの商人が来たときくらいしか話す機会がない。小さな家の奥様は、メイドの同性の友人や家族の訪問を許可していることが多かった。そのような家なら、近隣のメイドと仲良くなったり、または前に勤めた職場の同僚と連絡を取ったりして、ちょっと立ち寄ってもらい、キッチンに通してお茶を出すことができた。

隣のメイドと塀越しにゴシップに興じる。1905年に女性どうしで送られたらしいユーモア・ポストカード。

屋根裏部屋の青春

生まれた場所や育った環境は違っても、年齢が近く、同じ仕事をするどうしであれば、もちろん強い友情が育まれた可能性は高い。ウェールズの邸宅アーシィグで、一九〇九年にナースメイドとして就職したベッシー・ギティンズは、初め個室を与えられたが、慣れない大邸宅のがらんとした屋根裏部屋がこわくて、第二ハウスメイドのイーディス・ヘイコックとの相部屋に変えてもらうことにした。それから一年ほどで二人は熱烈に仲良くなっていった。結局ベッシーは、勇気をふりしぼって主人のヨーク氏に部署換えを直訴し、イーディスの下の第三ハウスメイドになったのである。のちにベッシーがしょう紅熱で倒れたときには、ヨーク夫人は医者を呼んで自ら看病することを決意し、もちろんイーディスもそれを助けたのだという。

マギー・ウィリアムズは、ベッシーとイーディスよりひとまわりあとの世代で、一九二〇年代にアーシィグで働いていた。彼女もまた、屋根裏部屋の思い出をこのように懐かしんでいる。

「下級のパーラーメイドとハウスメイドは大きい部屋を共有していました。上級のパーラーメイドとハウスメイドはそれぞれ個室を持っていました。でも夜に寝る前には、私たちはひとつの部屋に集まって、存分におしゃべりをしました。ときには、明け方近くまで夜ふかしすることも。暑い夏には屋根の上に出て座り、庭のきれいな景色を眺めました。ウサギがじゃれあっているところが見えて、おもしろかった。あの屋根裏には楽しいことがたくさんありました。ただ、ご家族を起こさないように、そーっと静かにしなければなりませんでしたけどね」

アーシィグでは、主人と使用人の距離が異例なほどに近かったといわれている。そんな家ならではの雰囲気もあるだろう。けれど、若い女の子が屋根裏部屋に集まれば、たとえどんな環境であろうとも、深夜の内緒話が繰り広げられただろうことは想像にかたくない。

column

メイドたちの食べたもの

階下の食事。フットマンが目下のボーイに鉄のフォークなどでは食えないと威張る。『パンチ』1848年9月2日掲載。

「これぞ本物のジェントリー」

貴族や地主からなる上流階級、そして、自分も彼らの仲間だと思いたい人びとは、自分たちが「成金の商人」よりも使用人を寛大に扱っていることを自慢にしていた。一九三〇年代にトゥィーニーをしていたドリス・ヘイゼルは、食事が「おいしかったし、たっぷりあった」ことを覚えている。

「ご家族用の料理はいつもあまりにもたくさん出されていたので、私たちはしょっちゅうランチの残りを夕食にいただきました。チキンの冷製、ライチョウやキジ、それに冷たい丸焼き肉。私たちの昼の正餐（ディナー）は残り物ではなく、いつも私たちのために作りたての温かいメニューでした。朝食も多彩で温かい料理でしたが、日曜の朝だけはハムと決まっていました。これも、もちろん腕のいいコックの手作りです。（中略）ハウスキーパーは『これぞ本物のジェントリーですよ』と言っていたものでした。『うちのキッチンでは成金の商人のようにケチなまねはしません。あの人たちは、使用人が古いパンとマーガリンと残り物で一日たっぷり働けると思っているんですから』」

ドリスの主人よりさらに気前のよい「本物の貴族」もいた。バース侯爵の本拠地であるロングリートの大邸宅では、第一次世界大戦の真っ最中でも、まるで戦争など別世界のできごとのような食生活が続いたという。ある男性使用人の回想によると、毎週のように三頭の違う種類の羊が締《し》められ、さらに使用人はキジ、ウズラ、ガチョウ、鹿、二種類のウサギまで味わった。ただし、牛肉はあまり出なかったそうだ。

味もひどければ量も足りない……

つつましい中流の家だと、当然こうはいかない。階上の料理とは素材から違っていた。使用人の食事には安く買えるニシンやタラ、肉でも味の落ちる部位を切り取って使い、余り物を煮込んだシチューも定番だった。マーガレット・パウエルの経験では、二十世紀の初め、スタッフたちはマカロニチーズやウェルシュ・レアビット（焼きチーズトースト）に不満たらたらであったという。一見美味しそうでもあるが、現代日本のマカロニグラタンやピザを想像してはいけない。英国のパスタのゆで加減といえば現在に至るまで悪名高いし、チーズ自体に罪はないとしても、一年中同じものばかり出されたらさすがに飽きるだろう。

「旦那様と奥様が思いのほか早くご旅行から帰る」階上の部屋にボーイフレンドを招いてシャンパンで乾杯していたら……。ポストカード、消印は1906年。

主人「ちょっと待てスティーヴンズ、その鮭はまだ誰も手をつけていないぞ」執事「では旦那様、我々は夕食に何をいただけばよろしいので？」階上の「残り物」は使用人にまわるが、ちょっと早すぎた。『パンチ』1862年3月8日掲載。

一八九二年、ある雑誌の誌上で、ジョン・ロビンソンという経験十六年の執事が語った食生活の実態は、マカロニチーズよりさらに食欲をそそらないものだ。もし昨今の男性使用人の質が落ちているとしたら、それは食事があまりにもひどいせいではあるまいか。コックは階上の料理に専念しているため、スタッフの食事は「キッチンメイドのなすがままにゆだねられております」。その結果ときたら――「へたくそに調理された巨大な丸焼き肉が、冷たいまま繰り返し繰り返し食卓にのぼり、果ては誰かが吐き気を催して細切れにして残飯桶に捨ててしまうまで、その流れは続くのです。そして次の巨大肉が登場し、同じ運命をたどってゆきます」

量だけはたくさんあるので無理やり口に詰め込むか、そうでなければ犯罪にでも走るしかないとミスター・ロビンソンは嘆く。しかし、味もひどければ量も足りない、悲惨としか言いようがない家もあったのだ。リリアン・ウェストールは、昼には連日判で押したようにニシンが出て、お茶の時間にはパンとマーガリン、朝食はパンに肉の脂（ドリッピング）をつけて食べていた家のことを記憶している。さらに無残なことには、ドリッピングが保管してある入れ物にはいつもネズミのフンが入っているので、それをかき出してからでないと食事にありつけなかった。一週間で辞意を伝えたというのも当然の判断である。

レディーズメイドのロジーナ・ハリソンは、リリアンたちが想像もできないような最上流の生活を日々味わっていた。彼女は一年を通じて、女主人とともに世界中を飛び回った。ニューヨーク、ヴァージニア、フロリダ、バミューダ、スイス、パリ、東欧に北欧に南アフリカ。大邸宅、王宮、豪華客船、専用飛行機、そして超高級ホテルの数々。どこへ泊まっても一流の食事とサービスが待っていた。

第二次大戦も終わったあと、ニューヨークのリッツ＝カールトンで、アスター卿夫人のために用意された部屋は、まるでフラワーショップの様相を呈していた。アメリカ中の友人から贈られた花とフルーツであふれかえっていたのである。なかにはロジーナがもう何年もお目にかかっていないバナナまであった。思わずつい一本失敬したら、食べているところを奥様に見つかってしまったが、「全部食べていいわよ」とお許しが出たという。本当に一房たいらげたかどうかは知るよしもない。ともあれバナナは英国人のメイドにとって、一九四六年当時はまだ、めずらしい南国の果物だったようである。

ピンクの服の料理人ともめる奥様。ジョージ・R・シムズによる小説『結婚したメアリー・ジェーン』のカバー。

消防士といちゃつく「ピンクの午前用制服」のメイド。ポストカード、消印は1907年。

第6章
メイドの制服

「おぞましい」午前用の制服

一九二五年の春。スカラリーメイドになって最初の朝、ジーン・レニーは、「家族の祈り」に集まった三人の同僚ハウスメイドに遭遇した。彼女たちの午前用制服に対するジーンの感想は、辛辣《しんらつ》きわまりないものだ。

「何よりも最悪だったのは、三人ともが、目に痛いピンク色のドレスに朝用のエプロンとキャップをつけていたことだ。あんな嫌なピンクを見たことは、あとにも先にも一度もない」

「『三匹のゆでたロブスター』──正直、あれほどひどいピンクを見たらもう、それ以外頭に浮かばなかった。まあ、本物のロブスターはきれいな色だけど」

同じ色のゆでロブスターが三匹発生したわけは、その年の暮れに判明することになる。クリスマスに、ジーンは雇い主一家からプレゼントの包みを受け取った。外出着に使えるような品をちょっと期待してしまいながら開けてみたら、中に「おぞましくも得意げに」鎮座していたのは、案の定。

「とにかくひどいピンク色のコットンだった――そう、午前の仕事用ドレスを作るのに十分な長さの布地だ。（中略）私は結局、それを仕立てもしなかったし、着ることもなかった。布地はどこかへ行ってしまって、行方はわからない」

「おぞましいロブスター色」かどうかはさておき、メイドたちはたいてい午前中にはコットン素材のドレスを着て働いていた。模様が入った「プリント生地」であることが多く、ストライプ、小花柄などが一般的だった。スタッフの人数が多く、仕事の細分化した大きなカントリーハウスの場合、午前用制服が部署ごとに色分けされていることもあった。スタッフォードシャーのシャグバラという邸宅では、「ハウスメイドは赤系の模様が入ったプリント地の服で容易に識別できた。スティルルームメイドはライラック色、そしてランドリーメイドはブルーのストライプ模様だった」という。この邸宅は現在、一般見学者に公開されており、一八八〇年代のハウスメイドの制服が展示されている。おぞけをふるうこともない、むしろ可愛らしい淡いピンク色だった。

プリント地のドレスの上には、白い胸当てつきのエプロンとキャップをつけた。ブーツ磨きや床磨き、暖炉掃除などの汚れ仕事をするためには、さらに上から、硬くて粗い麻の生地の大きなエプロンでカバーした。

プリント入りのピンク色で羊の脚型（ジゴ）袖、午前用制服にしてはキャップとエプロンが装飾的だ。1903年消印のニューイヤーカード。

黒と白の午後用ドレス

午後になると、パーラーメイドやハウスメイド、家によってはトウィーニーなども、フォーマルな黒いドレスに着替えることを求められた。この習慣は十九世紀の終わり頃までに定着したもので、全国的に黒が主流ではあったが、個人の邸宅ごとに決められる服なので、濃いグレーやブルーが採用された家もあったようだ。素材は羊毛やアルパカなどのウール、夏はコットンなど。ドレスの上には、午前中に使っていたより小さくて装飾性の高い、薄手のエプロンと

ほんのり濃紺の午後用制服。ランス・サッカレー画のポストカード。消印は1904年。

ピーターバラで撮影された名刺判写真。ダークカラーの午後用制服。1890年代頃。

UNIFORM

黒い午後用制服。石炭会社の広告用ポストカード。1900年頃。

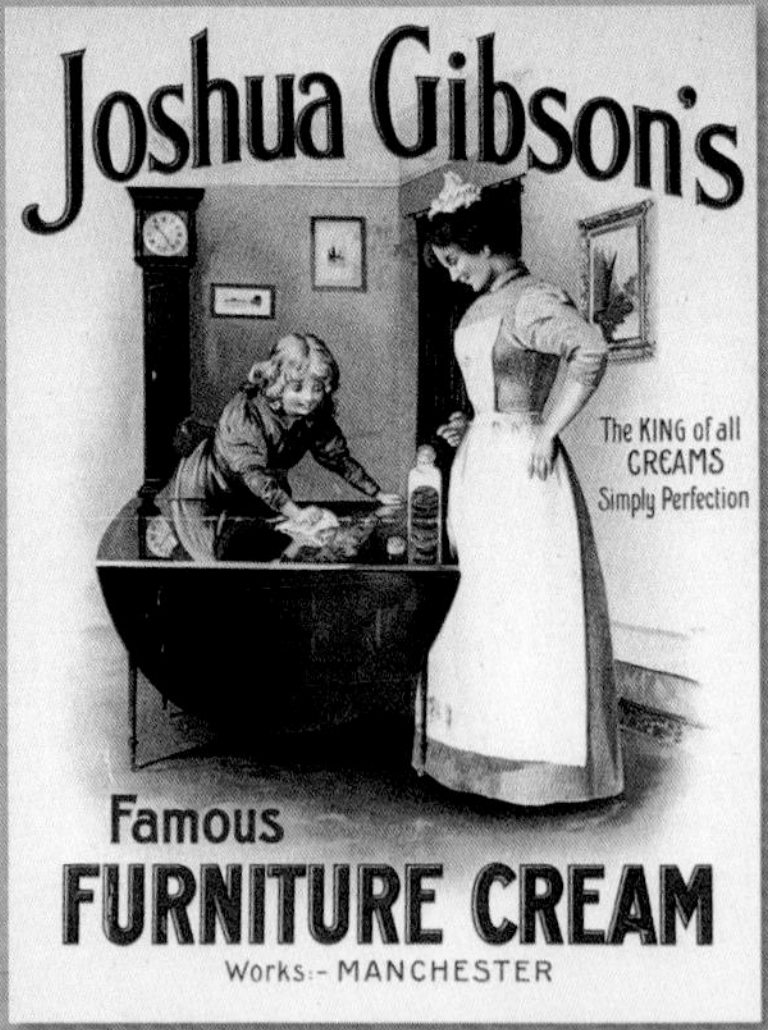

薄いブルーの制服は石けんや洗剤の広告に多いようだ。家具用クリームの広告、1920年頃。

濃い目の水色の制服。煙突掃除夫との密会のあとがエプロンに……。ポストカード、消印は1911年。

キャップをつけた。フリル、レース、刺繍やリボンで飾られ、その時代ごとの流行をほどほどに追求して華やかである。さらにパリパリに糊のきいたカフスと襟をつければ完成だ。午後はこの正装姿で、客や家族に給仕をしたり、針仕事などの軽めの作業に携わるのである。

　パーラーメイドの午後用のキャップは、十九世紀の中頃までは頭全体を覆う室内帽（モブキャップ）だったが、時代が進むにつれてどんどんサイズが小さくなっていった。十九世紀から二十世紀への転換期までには、小さなレースのかたまりが、申しわけ程度に頭のてっぺんにピンで留められているような状態に至る。作業着のキャップは、ふつうなら髪の毛が落ちないようまとめて入れるためにかぶるものだと思われるが、これはすでに装飾以外の機能をはたしていない。

　ヴィクトリア時代風のメイドの服装といったとき、一般に想像されるのは、このパーラーメイドやハウスメイドの午後用制服だろう。黒いドレスに白いキャップとエプロン。しかし十九世紀は遠く過ぎ去り、現代に生きる私たちは、博物館や美術館や古写真の中にしか、実物、またはそれに近いものを見ることはない。映画の中で、画面の端をときおり横切る「ひらひら」は、重労働の実態やメイドたち自身の内面とは切り離されて、表面的な若々しさと可愛らしさ、華やかさと慎ましさのイメージだけをすくいとったように見える。では、制服を身につけて働いた彼女たち自身は、その格好をどう思っていたのだろうか？

「あこがれの」メイドの制服

　一九〇八年生まれ、ウィルトシャー出身のミリー・ミルゲイトは、二ペンス払って入った映画館で、あるシーンに釘付けになった。

「映画のなかで、私の空想をかきたてたのは、ひとつだけ……フランス人のメイドがひとり、大理石の美しい階段を優雅におりてきた場面です。フリルのエプロンをつけ、帽子のうしろの長いリボン（ストリーマー）を背中に垂らしていました。そのとき思ったんです――『あれこそ私のやりたいことだわ。あんなふうになりたい！』って」

　そこで彼女はレディーズメイドになりたいと母親に相談したが、就職の方法がわからず、スカラリーメイドからはじめることになってしまった。洗い場にこもりきりの仕事でドレスもひらひらも着られない。酢と塩で手は荒れて、「窓の外の鳥を眺めて、毎日泣いて」暮らす日々だった。やがて「あの制服」を着た同僚ハウスメイドの存在に気がつき、転職をこころみる。無事に成功し、その後はケンジントン宮殿を含むロンドンの上流家庭を渡り歩いた。元メイドの語る思い出話は数あれど、制服に対する思いはたいてい複雑だ。このミリーのように、あこがれていた、好きだったと言い切る人はめずらしい。

　二十世紀初めの現役メイドたちにとって、制服はおおむね評判がよくないものだった。ただし、もう少し時間をさかのぼってみると――一八八〇年代のオックスフォードの片田舎では、午前用のプリント地ドレスはいろいろと重宝されていたようだ。フローラ・トンプソンは、当時の村のファッション生活について回想している。

「古着の中でもっとも好まれたのは若いメイドが午前中に着る淡いプリントのワンピースで、ライラック、ピンク、クリーム色

ふくらはぎが見えてしまうメイドのクリノリンに「今すぐ外してきなさい、あなた今どんな格好かわかっているの?」しかしそういう奥様は下着が丸出し。『パンチ』1862年カレンダー。

クリノリンの大流行がメイドの制服にも波及し、ガラスケースの装飾や食器や何もかも粉砕。『パンチ』1864年3月26日掲載。

「まあ、ジマイマ!　あなたクリノリンはどこへやったの?」「ええ、あれはもう流行らないので」それはそれで流行を追いすぎだと解雇予告。『パンチ』1866年7月4日掲載。

なども人気だったし、白地に小枝プリントのものも感じがいい。こういう服は少女たちのメーデーのワンピースや教会に行くときの夏のよそゆきに縫い直された」

制服代は自腹

しかしそもそも、そのメイドの制服が最初からおさがりの可能性もあった。ベイジングストークのホリウェル夫人は、一九一五年にスカラリーメイドとして働き始めたときに持っていった「古いブリキの箱」の中身を覚えているが、その大半が「お古」だった。

「プリント地のドレスとキャップとエプロンは、二人の姉のおさがりを私のサイズに直したものでした。下着もみんな古着です。新品だったものは二つだけで、まず黒い服、これに母は十五シリングも払いました。教会に行くときにかぶる、ベルベットのリボンがついた黒いボンネットは、五シリング六ペンスしました」

メイドたちは仕事をはじめるときに、制服を自前で用意しなければならないことが

装飾的に小さくなり、レースの切れ端のようになったパーラーメイドのキャップ。袖とエプロンもゆったりしてきた。1900年代。

ヘアバンド型のキャップと小さなエプロン、すっかり短くなったスカート。「陸軍海軍ストア」通販カタログ、1920年代。

ロンドンの最高級住宅街グロヴナー・プレイスのお洒落なメイドのイメージ。フリルいっぱい。『カッセル・ファミリー・マガジン』1895年掲載。

長いリボンつきキャップに流行の髪型。20世紀初頭まで前髪をひっつめでなく切って垂らしたりウェーブさせたりするのは最先端で、メイドには禁じる家が多かった。『パンチ』1895年7月15日掲載。

多かった。ストッキングや靴も含めるとさらに出費はかさむ。「二流の職場」でためた準備金があればよかったが、それでも貧しい労働者の家庭においてはかなりの負担であることは間違いない。母親たちは方々に借金し、ときには分割払いにしてもらいながら娘のために必要な衣類をそろえた。収支がマイナスの状態ではじめると、わずかな給料から多くの金額を衣服代として返済しなければならない。ホリウェル夫人が最初の月に受け取った給料は十三シリング四ペンスで、制服のお金を返すためにそのうち十シリングを母に送ったという。

　負担の重さはわかっていたので、制服一式を支給する家もあった。クリスマスに、布地のほかエプロンやストッキングなどのプレゼントを贈る習慣は広く行われていた。しかし冒頭のジーン・レニーの例はいうに及ばず、「実用的」すぎるプレゼントは、やはり人気がなかったようではある。

　お洒落を追求する奥様が、決まったデザインのおそろいの服や、あまりふつうでない色の服を着せたいと思った場合は、一式支給されることもあった。アイリーン・トンプソンは、ある職場に黒いサテンの午後用ドレスを持参していったが、そこの女主人は黒が嫌いで「茶色とコーヒー色のエプロンとカフス」を彼女がみずから作ってくれたという。ほかにも、村の仕立て屋に「午前はグリーン、午後にはえび茶色の制服」を作らせたとか、キャップの代わりに「大きくて明るい色のリボン」をつけさせたという家もあった。以上の三件はいずれも一九二〇年代以降の話である。

時代が新しくなると、制服のバリエーションも広がっていった。だからといって、お洒落な制服がメイドたちの心をつなぎとめたという証拠もない。アイリーン・トンプソンは「コーヒー色のエプロンとカフス」の職場にはそれほど長くとどまらなかった。メイドの制服に強いあこがれを抱いていたミリー・ミルゲイトのような例は、やはり少数派だったのかもしれない。

地位を示す、衣服とキャップ

多少のバリエーションはあったにせよ、下級のメイドたちの制服はそれなりに統一感があったが、上のランクの使用人たちの装いは一味違っていた。女性使用人の最上位であるハウスキーパーは、黒や落ち着いた色のシルクのドレスまたは白いブラウスに、白いレースのキャップをつけていた。色の組み合わせだけ見ればメイドの午後の服と似ているが、こちらは制服ではないし、素材も装飾もまったく違った。どちらかというとひと昔前のレディの服装に近く、未亡人の喪服とも非常によく似ている。ブローチなどのアクセサリーも許されていた。

もうひとつハウスキーパーの衣装を特徴づけるものが、腰のベルトからさげた鍵の束だ。これはリネン類や上等な陶磁器、お茶や砂糖、スタッフに支給する日用品などをしまう倉庫の鍵であり、家内における彼女の重要な地位のシンボルであった。かつ

19世紀中期から後期にかけて「アーシィグ」のハウスキーパーだったメアリー・ウェブスター。職業を示す鍵束を手にしている。

19世紀前半のハウスキーパー。ひと昔前の型の室内帽とアクセサリーを身につけている。ケニー・メドウズ「人びとの長たち」1840年代。

奥様のドレスの裾が長いのを気にするレディーズメイド。「いつか私がいただくドレスですから、私の意見も多少はいれていただかなくては！」と主張。『パンチ』1876年11月4日掲載。

友人のメイドを借りて家まで送ってもらう奥様（右）。スカートの段も少なく地味な服を着たメイド（左）。『パンチ』1866年4月14日掲載。

てスカラリーメイドであったブランチ・ホールは、「彼女が廊下を歩いてくると、スカートの衣擦《きぬず》れと大きな鍵束のジャラジャラいう音が聞こえてきて、私は震え上がったものでした」と回想している。

　下級のメイドの導き手となること、スティルルームでジャムやピクルスやハーブの薬を作ること、お茶の支度をすること。大邸宅のハウスキーパーの仕事の多くは、本来は女主人がすべきだったことを引き継いだものだ。彼女の腰で揺れる、鍵を束ねる器具の名は「シャトレーン」という。語源はフランス語で「女城主」という意味である。ハウスキーパーの装いは、あらゆる点で、彼女が女主人に次ぐ地位にあることを示していた。

　レディーズメイドも、ハウスキーパーと同じく特定の制服はないので、折々に私服を選ぶ必要があった。一九二〇年代、ロジーナ・ハリソンの服装は次のようであった。

「（令嬢付きから奥様付きに昇進して）正式なレディーズメイドになったので、プリント地の服はもう着ません。こざっぱりとして、地味で、前に出すぎず、しかし流行りの型ではあるような服装を求められました。午

シックに装い、室内帽をかぶったレディーズメイドが奥様の衣装を箱詰めする。『ガールズ・オウン・ペーパー』1884年4月5日掲載。

1900年代初めにジョン・エドワード・コートニー・ボドリーの子どもたちのナースをしていたミセス・トロッター。袖の大きな白いドレスを着ている。

1908年、ハンプシャーの「シェドフィールド・ハウス」で働いていたナースのドーソン。明るい色のドレスとボンネットを身につけている。子どもの洗礼式のあとに撮られた写真。

「ボビー坊ちゃん、いい子にして赤ちゃんを見ているんですよ。私はあの大きくて怖そうな兵隊さんに坊ちゃんをさらわないよう頼んできます」ナースの外出着の定番、濃い色の外套（またはショール）とボンネット。『パンチ』1862年6月28日掲載。

前中には、ジャージー生地の服とスカートにカーディガンを着ました。午後のお茶のあと、また、もし早い時間に外出する場合にも、ブルーかブラウンのドレスに着替えました。パールかビーズの一重のネックレスと、腕時計までは許されますが、それ以外のアクセサリーは不興をかいます。化粧も好まれません。実際、口紅をつけていたらお叱りを受けたことがありました。一緒に外出したレディとメイドが取り違われるような事態は、決してあってはならないことだったのです」

奥様のドレスを下げ渡されることもあるが、普段の服とは質やデザインが違いすぎるので、着こなすのは難しい。ロジーナの仕えたアスター卿夫人は、レディの中でも珍しいくらい気前よく服をくれる人だった。しかしロジーナ自身は、雇い主から譲られた服は、その人と一緒にいるときは絶対に着ない主義だったらしい。売ってお金に変えるメイドも多いが、彼女はそれもしなかった。年次休暇もそこそこに、奥様の身のまわりの世話にささげる生活だったので、もらったドレスは活躍できずに終わったかもしれない。

1867年、イースト・サフォーク病院の看護婦たち。ナースメイドと共通点の多い格好だが、腰からはさみなどの看護用具をさげていることが多い。

ナイチンゲールと同じ頃、1860年代から病院看護師として活躍したドロシー・パティソン（1832～1878）、愛称シスター・ドーラ。彼女にちなみ、あごの下で蝶結びにする古い型のナースキャップを「シスター・ドーラ・キャップ」と呼ぶ。

病院のナースと子どものナース

子どもの面倒を見るナースの制服は、別の種類のナースたち――同時代の病院看護婦たちの服装にそっくりである。一八五三年にはじまるクリミア戦争で、フロレンス・ナイチンゲール（一八二〇～一九一〇）とその部下たちが活躍して以降、その有能ぶりと規格化された服装が広く認知されるようになった。同じナースという名をもつ個人宅のナニーやナースメイドも、その影響を強く受けたものと思われる。一八六〇年代にはまだハウスキーパーやハウスメイドと変わらない格好をしていたようだが、一八七〇年代から八〇年代までにはほぼ当時の病院のナースと見分けのつかない服装に移行した。

午前中は、ピケなどのドレスにエプロンとカフス、キャップをつけた。午後は白いブラウスとグレーか白のスカートに着替えた。外出時には濃い色の外套《がいとう》をつけ、黒の麦わら帽かボンネットをかぶっているのが彼女たちの目印だった。ただ、子ども部屋のスタッフにも時代の変化やスタイルの違

白っぽいパリっとした服に腕まくりで働く、上層中流家庭のキッチンスタッフ。「ブロズワース・ホール」1910年頃。

いはあって、サラ・セジウィックは「家の中ではストッキングも含めて常に白いドレス、出かけるときには白のブラウスとグレーのスカートを着た」というが、アグネス・メアリー・クラークは逆で「午前中はグレーのドレスに白のエプロンとキャップ、午後は白いドレス、外出時にはコートと黒い帽子と手袋が支給された」と記憶している。

コックもまたナースと同じく、一部のキッチンでは白いドレスを着る特権を許されていた。エプロンは料理をするため物理的にも必要であったが、袖はまくるので硬いカフスは不要、キャップも嫌われがちだった。

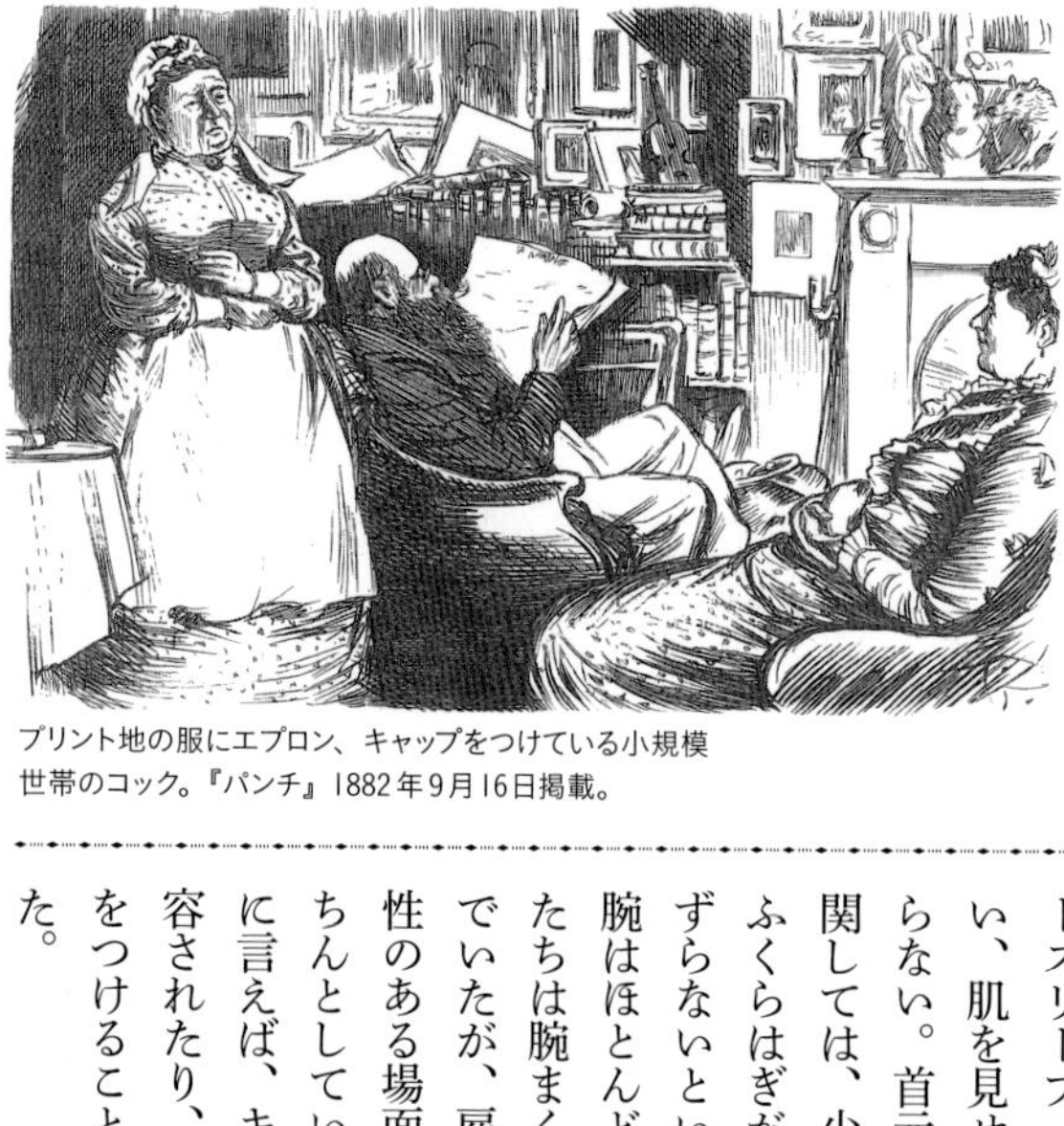

プリント地の服にエプロン、キャップをつけている小規模世帯のコック。『パンチ』1882年9月16日掲載。

レディたちが着ていたドレスは、午後から夕方、夜へと時間帯が遅くなっていくほど、袖は短く、襟ぐりは深く、上半身の露出が増えていくものだった。最もフォーマルなイヴニングドレスでは、胸の谷間が見えそうなほどの首まわりに、肩も出したノースリーブ。しかしメイドはレディとは違い、肌を見せる部分は少なくしなければならない。首元は常に高い襟。スカート丈に関しては、少なくとも第一次大戦前までは、ふくらはぎが見えず、かつ裾の後ろは引きずらないという長さになっていた。そして腕はほとんどの場合長袖。コックやメイドたちは腕まくりをしながら仕事に打ち込んでいたが、雇い主やゲストに見られる可能性のある場面では、キャップと袖と襟をきちんとしていないとおとがめを受けた。逆に言えば、キャップをかぶらないことを許容されたり、胸あてのない小さなエプロンをつけることは、地位の高さの証明であった。

百貨店「ハロッズ」のカタログ（1895年）より。「お洒落なキャップ」や「新型キャップ」「洗えるキャップ」「刺繍入りのエプロン」など。

水玉のモスリンのキャップ、リネンのナース用キャップなど。帽子の後ろのリボンは「背中に垂らすか、首元で結んでも」と提案されている。

メイドキャップが大嫌い

マーガレット・パウエルは、キッチンメイドになったとき以来、メイドキャップが嫌で嫌でたまらず、コックに昇進してからは断固としてかぶらなかった。

「彼女は私にキャップをかぶってほしがったが、私は拒否した。キャップはいつだって隷属《れいぞく》の証として、私を打ちのめそうとする。ナースたちもつけているけど、あれとは何か意味あいが違う。ともかく、あのキャップはぞっとするしろものだった。だから私は外してしまった。たとえギボンズ卿夫人が気に入らなくても、彼女にはどうすることもできなかったのだ」

そしてマーガレットは、袖に関しても我《が》を通し、プリント地のドレスを五分袖にしてしまった。それを見た奥様は、キャップと一緒に手首からひじまで覆う白いコットンの腕カバーを持ってきた。

「『これをつければ、もし正面玄関の応対に出ることがあっても、快適にできるでしょう』と彼女は言った。でも、この人は私の快適なんか考えてはいないのだ。本当のところは『彼女が』快適な思いをしたいだけ。だから私は『まあ奥様、ありがとうございます』といって受け取り、そのまま引き出しに入れてしまった。もちろん一度もつけなかったが、それ以上何も言われなかった」

　母屋の目がとどかない洗濯室では、キッチン以上に自主独立の精神が養われていたようだ。第二次大戦前、チェシャーの邸宅ライム・パークでランドリーメイドとして働いていたエヴァ・ウォルトンは、「私が最初に黒いストッキングをやめ、それ以来、洗濯室では誰もはかなくなりました」という。厚いウールの黒ストッキングはメイドたちの憂鬱《ゆううつ》の種で、色のついた薄地のコットンや、上等なシルクのストッキングがあこがれだった。そしてキャップについては、「ハウスメイドたちはかぶらなければならなかったけど、私たちは当然のごとく、絶対かぶりませんでした」と言っている。

　キャップは隷属の証《あかし》――それは、不本意ながらメイドになった多くの人が口にする共通のキーワードである。一九一四年に生まれ、コッツウォルズのコテージでジェネラルメイドとして働いたウィニフレッド・フォリーも、同じように感じていた。

「ひとたびメイドのキャップとエプロンをつけたら、自分は卑しい召し使いになるのだということはわかっていた。誰でもない人間、立場をよくわきまえた、一番下の棚の売れ残りみたいな存在に」

　キャップをかぶるとき、使用人としての人生がはじまる。結婚してキャップをぬぐのか。かぶらなくても許される職種で自由を謳歌《おうか》するのか。キャリアを極めて鍵束を手に入れ、残りの時間はキャップをかぶり続けて生きるのか。制服への態度には、彼女たちの仕事観、ひいては人生観が表れているようだ。

「メイド用・洗えるコットンドレス」の広告。衣服はかつて完全オーダーメイドか、布地を買って自分で縫うのが主流だったが、19世紀の後半にはミシンが普及して既製服も登場していた。1890年代。

column

モスリンって どんな布？

下着やシーツやリネン類一式からなる花嫁支度（トルソー）を用意するレディ。たっぷりしたレース、シルクの靴下やドレスはメイドには望むべくもないものだ。

彼女たちの日常の衣服は、どのような素材でできていたのだろうか。100年くらい前の小説や自伝、家事マニュアルなどを読んでいると、属する階級や用途により、さまざまな布地が使い分けられていたことがうかがえる。色や手ざわりや風合いに想像力を働かせてみよう。

モスリン
コットンの細い糸を平織りにした布地。非常に薄く透け感があり、軽くしなやかな素材。レディの日常着やドレス、メイドには午後用の帽子とエプロンに使われる。日本ではモスリンというとウールをさすが、欧米ではとくに断りがないかぎりコットンである。

サージ
斜めのうねが出る綾織りの生地。ふつうは梳毛糸(ウーステッド)製。当時の普段着に広く用いられた。メイドの午後の制服用として、また年頃の娘の外出着としても「紺やグレーのサージ」は良識的でふさわしい素材と考えられていた。現代の学校制服などに使われている生地。

サテン
しゅす織り。なめらかでやわらかく、表面に強い光沢のあるものが多い。シルクのサテンは高級感があり、伝統的に上流階級のイヴニングドレスの素材として使われてきた。

タフタ
こはく織り。平織りの布地で、光沢とはりがある。シルクタフタはドレスによく使われる。縦横に別の色の糸を使って織り、玉虫色の輝きを出したものも。

ピケ
太いうねが出るコットン生地。さらりとした肌ざわりで夏向き。白や淡い色が多い。ナースたちの午前中の制服に使われた。

ホーランド
麻か綿を平織りにした厚地の緻密な布。生成り色か白のまま、または濃い色やストライプに染めて使う。メイドたちが汚れ仕事のときにつけるエプロンに用いられた。

ヘシアン
ヘンプ(麻)、ジュート(黄麻)などで作られたじょうぶで目の粗い布に対する別称。布袋や、やはり荒仕事用エプロンに用いられた。

ベーズ
厚いフェルトに似た起毛ウールの素材で、緑色が多い。ビリヤード台やカードテーブルの表面に使う。使用人区画の扉に張られたり、執事やフットマンが銀器を磨くときにつける大きなエプロンの素材としても使われた。

田舎の小さな村では、郵便局と雑貨屋を兼ねた「村の商店（ビレッジ・ショップ）」が唯一の選択肢だった。パン、チーズ、ベーコン、紅茶、リボンや靴など多彩な生活用品をそろえ、電報、送金、貯金もできる。ジェームズ・チャールズ「ビレッジ・ショップ」1887年。

＊　ドロシー・ファッジ　1901年ドーセット生まれ。13歳でナースメイドになり、転職を経て20代の頃はパーラーメイドとして働いた。1929年に結婚退職。地元の出版社から自伝『時の砂（Sands of Time）』（1981）を刊行している。

第7章　メイドの財布

初めてのお給料と使いみち

「初めての仕事は、一歳半の女の子のナースメイドでした。お給料は年に十二ポンド。食事と部屋代は無料！　つまり、週に五シリング、ぜんぶ私のものになるのです！　とってもお金持ちになった気がしました」

一九〇一年にドーセットシャーで生まれたドロシー・ファッジ*は、十三歳のとき学校を出て働き始めた。しかし「とってもリッチ」な気分は長くは続かない。勤務先でジフテリアにかかり、二か月も入院したうえ実家に帰る羽目になってしまうのだ。回復したあとは、前と同額で別の家に、今度はパーラーメイドとして就職した。年額十二ポンドは、一九一〇年代初め、ほぼ未経験のメイドの給料としては、平均的かちょっとまし、というくらいの金額であった。

それよりひと昔前の一八九〇年代。大きな家の第八ハウスメイドになったエレンの年俸は四ポンドだった。働き始めてようやく三か月目にソヴリン金貨を一枚（一ポンド＝二〇シリング）手に入れる。給料は原則として後払いであり、十九世紀の前半までは

王室をはじめ、上流階級御用達の高級食料品店「フォートナム&メイソン」。現在もロンドンの一等地ピカデリーに建つ。1886年にアメリカの食品製造業ハインツが売り込みに訪れた場面。

ロンドンの協同組合ストア。「協同組合」は1844年に英国ロッチデールで生まれたシステムで、組合員が出資し、共同購入による安価で安全な商品供給をめざす。

ハロッズの食料品フロア。フランスのボン・マルシェ（1852年）を皮切りに、19世紀後半には英国においても数多くの「百貨店」が誕生した。衣料品、家具から食料品まで数多くの種類と品数をそろえて正札販売する。

年に一回、やがて四季払いが増え、二十世紀には毎月支払われるのが主流となった。エレンの息子でのちに自分も執事になるアーサー・インチはいう。

「母は、自分がこの世で一番裕福なレディになったと思ったはずです。そのときにはまだ、一ペニーか二ペンスの銅貨しかさわったことがなかったでしょうから」

ウィニフレッド・グレースが十四歳で最初の職についたのは、ドロシー・ファッジとほぼ同時期の一九一三年だったが、給料はさらに少なかった。面接から帰った彼女は、弟に「週に一シリングぽっきりよ。仕方がないから行くけど、長くはやらないわ」と言っている。年額にしておよそ二ポンド十シリングである。

ある女の子は五シリングで「お金持ち気分」になり、別の女の子は「初めての一ポンド金貨」にふれ、「たったの一シリング」と感じた子もいた。それらは実際、十三歳の少女にとってどれほどの価値があったのだろう。

試みに、彼女たちの出てきた家の収入を見てみよう。チャールズ・ブースは、一八

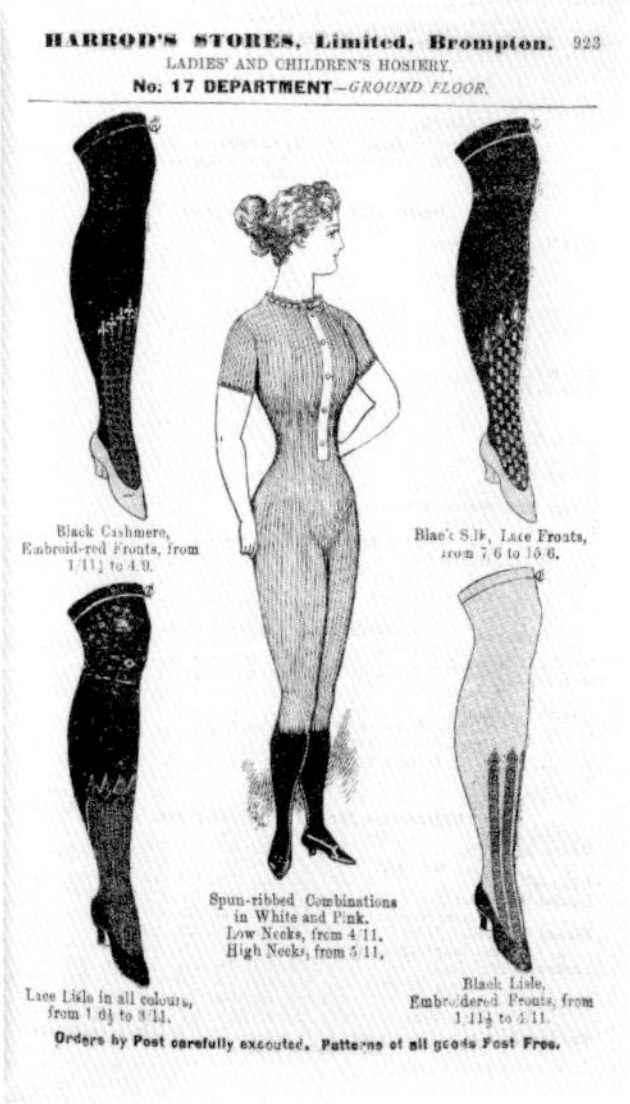

レースで飾ったシルクの長靴下は7シリング6ペンス〜15シリング以上もする。「ハロッズ」のカタログ（1895年）掲載のレディ向け高級品。メイドには手を出すことができなそうだ。

オフのお洒落に身を包んだキッチンメイドのキャロライン・パーマー。花のついた麦わら帽、明るい色のドレス、手袋に腕時計。1906年〜1915年まで「ブロズワース・ホール」で働いた。

雑誌記事「昨今のメイド」より。着古したロングコートと雨傘、赤毛の目立つ前髪を切って垂らし、「ホワイトチャペルで流行りの羽根帽子」で飾った女の子。たとえ面接ではねられても、下町風お洒落は譲れない。『カッセル・ファミリー・マガジン』1894年掲載。

八九年から一九〇三年にかけて発表した調査のなかで、妻と複数の子どもを養って不足なく暮らせる労働者男性の収入を、週給二十二シリング以上と規定している。三十シリングあれば労働者階級としてはかなり余裕があるほうといえた。ウィニフレッドの一シリングやドロシーの五シリングは、お小遣い程度、半人前ですらないといえそうだ。しかし賃金の相場は、職種、熟練の技術があるかどうか、そして地方によっても大きな格差があった。オックスフォードシャーの田舎で少女時代をすごしたフローラ・トンプソンの回想によれば、農夫の収入は、一八八〇年代には週十シリング。コテージの家賃は一シリングから二シリング六ペンスであったという。

「九〇年代の初めに少し生活が楽になるできごとがあった。週給が十五シリングに賃上げされたのだ。しかし一方で物価も上がり、欲しいものも増え、僅かな増収はそれに消えることになった」

パンや肉や衣料品などの生活必需品は、大量生産、安価な輸入品の流入、そして鉄道などの輸送手段が発達した結果、統計上の数字で見ればこの頃値段が下がっていた。しかし実感としてはやはり生活は苦しかったのだろう。たいていの家は子だくさんで、幼児死亡率も高かった。それでも無事に育て上げることができれば、子どもたちの助けでひと息つくことができた。

そんなわけで、メイドたちが初めて手にしたわずかな給料から真っ先に考えることといえば、実家への仕送りである。とくに、稼ぎ手の父親が失業を繰り返しているような場合、働き始めた子どもたちは、実家の家計を支えることに強い誇りと責任感を抱いた。一八八四年、三か月分の給料として三ポンドを受け取ったあるパーラーメイドは、初めて受け取った三枚のソヴリン金貨を、そのまま封筒に入れて実家に送ってしまったという。

英国の旧通貨制度

2011年現在、英国の通貨は1ポンド=100ペンスであるが、1971年までは十進法ではない古い単位で換算されていた。ヴィクトリア時代から20世紀前半に流通していたお金についてまとめておこう。

【通貨単位】
1ポンド=20シリング=240ペンス
*単数をペニー、複数をペンスと呼ぶ

【貨幣】

通貨名	金額	種類
ギニー	21シリング	金貨
ソヴリン	1ポンド	金貨
半ソヴリン	10シリング	金貨
クラウン	5シリング	銀貨
半クラウン	2シリング6ペンス	銀貨
フロリン	2シリング	銀貨
シリング	1シリング=12ペンス	銀貨
6ペンス	6ペンス	銀貨
グロート	4ペンス	銀貨
3ペンス	3ペンス	銀貨
ペニー	1ペニー	銅貨／青銅貨
半ペニー	1／2ペニー	銅貨／青銅貨
ファージング	1／4ペニー	銅貨／青銅貨

胸ときめくお買い物

余裕ができて次にするのは貯金だろう。恋人がいれば結婚資金にするし、急に失職したときの備えも必要だった。一九三〇年代にスコットランドの邸宅マンダーストンでハウスメイドとして働いていたベティ・ウィニーは、甘くない紅茶の味に慣れようと決心していた。砂糖に払うお金を節約して貯金するためである。

そうはいっても、お金があったら買いたいものは、やはり服や靴や帽子やリボンだろう。それも、仕事着やエプロンなんかではなく、遊びに行くときに着る可愛いものがほしい。一八九六年四月四日号の『ガールズ・オウン・ペーパー』には、「若い使用人の服に何を買うべきか」という買い物記事が載っている。メイドの仕事をはじめるときに必要になる制服・エプロン・下着類のための布地、靴やハンカチなどの小物と、それぞれの金額が列挙され、その総額はしめて三ポンド十一シリング四ペンス三ファージングとなっている。その次に入用になるのは、外出用帽子、上着、付け襟、ストッキング、コルセット、キャップ。

1890年代　商務省による女性使用人の賃金調査

職種	年齢	ロンドンの賃金	イングランドとウェールズの賃金（除ロンドン）
ビトウィーンメイド	19	12.4	10.7
スカラリーメイド	19	13.7	13
キッチンメイド	20	16.6	15
ナース＝ハウスメイド	21～24	14.9	16
ジェネラル	21～24	14.9	14.6
ハウスメイド	21～24	17.5	16.2
ナース	25～29	21	20.1
パーラーメイド	25～29	22.2	20.6
ランドリーメイド	25～29	27.3	23.6
コック	25～29	21.8	20.2
レディーズメイド	30～34	28.1	24.7
コック＝ハウスキーパー	40～	41.6	35.6
ハウスキーパー	40～	34.3	52.2

（年額、単位はポンド）
Pamela Horn "*Rise and Fall of the VICTORIAN SERVANT*" より引用

「給料は年に40ポンド、制服2着、帽子2つ、三食ごとの肉とビール、それから必ず教会に行かせていただかねば」法外な待遇を要求するフットマン。『パンチ』1848年9月16日掲載。

「教会や休日のために、明るい色の外出用ドレスがあったら嬉しいと思うでしょう。でも、もっと必要な品を優先しなくてはいけません」――そういって、模範的な少女雑誌の記事は、乙女心に釘をさすのである。

　雇い主たちはメイドが着飾りすぎることを嫌い、堕落《だらく》のはじまりだと決め付けていた。派手な帽子やシルクのストッキングは分不相応で軽薄だからと禁じられ、黒ばかりが推奨された。それでも彼女たちは買い物に胸をときめかせた。一九三〇年代にメイドになったアイリーン・トンプソンはいう。

「初めてレスターへ出かけていって、自分でツイードのスーツを買ったときのことをよく覚えています。今でも目に見えるようです」

　黒からグレー、ネイビー、ブラウン、やがてもっと明るい「モテる色」のドレスへ。ウールからコットン、いつかはあこがれのシルクのストッキングへ。――ひょっとしたらその前にナイロンの時代がきた可能性もある。そうやって彼女たちも、財布や周囲の目と相談しながら、ベッドの下に置いたトランクの中身を少しずつ増やしていったのだろう。

十九世紀末のメイドの年俸

　初めて就職する「二流の職場」は低い賃金に抑えられるものと決まっていたが、経験を積んで転職を果たし、本格的に働きはじめたあとはどうなるのだろう。一八九〇年代に商務省が行った調査によれば、とく

1872年　ペットワース・ハウス　屋内使用人の賃金

家令	105
コック	120
執事	70
従者	60
副執事（２名）	34、25
案内人	34
フットマン（３名）	32（２名）、28
ランプマン	28
家令室付きボーイ	18
ロースト担当コック	35
スカラリーマン	35
ハウスキーパー	52ポンド10シリング
菓子職人	35
ランドリーメイド（５名）	25、19、17、14、12
ハウスメイド（９名）	23ポンド2シリング、16（６名）、8（２名）
キッチンメイド（２名）	18、12
スティルルームメイド	14
菓子職人補佐	10

（年額、単位はポンド）
Adeline Hartcup *"Below Stairs in the Great Country Houses"* より引用

コックの応募者「今までずうっと使用人が４人のところで働いてきました。――それと奥様、言っときますけど、夜にはトランプのホイストで三番勝負をしたいんです」賃金以外の要求も大事。『パンチ』1885年1月10日掲載。

に多かった中心的年齢層ごとに割り出したメイドの年俸の平均額は上のようである。
父親たちと同じくメイドの賃金にも地方格差があり、ロンドンが一段高い。ハウスキーパーやナース＝ハウスメイドに関しては逆転現象が起きている。都会の小規模世帯では、名前だけ立派でも内実はジェネラルメイドに近い職場が多かったということかもしれない。そんなジェネラルやビトウィーンメイドよりも、ハウスメイドのほうが少し良い額をもらっており、さらにはパーラーメイドのほうが年齢が高めで、待遇も良かったようだ。
マーガレット・パウエルは、最初の就職は自宅のすぐそばにしたが、より良い職場をもとめて家族の反対を押し切り、ロンドンへ転職していった。ジーン・レニーはスカラリーメイドからキッチンメイドへ、ロジーナ・ハリソンは若いお嬢様付きから奥様付きのレディーズメイドへ、経験を積んでランクアップしていった。調査結果の平均賃金を見くらべると、彼女たちがより高い待遇を求めて年齢とともに職場を移っていったことがかいま見える。
全体的に、中流の家よりも地主や貴族の大邸宅のほうが賃金は高いものだった。経

植物園観賞に行ったレディを待つあいだ、付き添いのフットマンは賭け事に熱中。給料はよくても酒とギャンブルに使ってしまう男性使用人は多かったようだ。『パンチ』1858年6月26日掲載。

「ペットワース・ハウス」の男性使用人たち。白い服のシェフ、その後ろに立つ黒いボウタイが副執事、白いボウタイのフットマンたち。右端に立つスーツ姿の男性が家令だ。1870年代。

済的に心もとない中流階級の女主人は、ドロシーやウィニフレッドのような未経験の少女を一定期間で取り替えながら出費を抑えたが、裕福な雇い主たちは、経験豊富な大人の使用人を高給でひきつけようとしたからだ。性別も重大な要素である。たとえば、奥様につくレディーズメイドと男性の世話をする従者の業務は似ているが、後者は前者の二、三倍の報酬になった。

一八七二年、英国南部のサセックスにあるペットワース・ハウスには、三十四名の室内使用人が雇われていた。裕福な貴族が住むカントリーハウスの一例として、スタッフの年俸額を見てみよう（八九頁参照）。

男女間の賃金格差

コックの給料が一番高く、家令とともに百ポンド以上もらっているのが目を引く。この邸宅では一八七〇年代から一八八〇年代にかけて、最上級のコックからロースト担当コック、菓子職人まで三名は、フランス人の男性で占められていた。他にあまりない、非常に贅沢な人員構成である。主席のコックに欠員ができて、女性料理人が代役をつとめる期間もあり、その場合は七十ポンドが支払われた。ハウスキーパーと家令、メイド全般とフットマンの金額を比べると、男女間の賃金差が明確になる。最下級のハウスメイドは八ポンドで、唯一のひとけたが切ない。この額に甘んじていた二名は、まだ仕事をはじめたばかりの新人だったと思われる。

家令の百五ポンドという額の端数が気になる。これは「ギニー」の換算がベースにあったからではないだろうか。ギニーとは一八一三年に製造が中止された古い通貨単位で、実物の貨幣としては流通しなくなったものの、高級品の価格や紳士への謝礼などに、単位のみが使われ続けていた。一ギニーは一ポンドの一・〇五倍で、すなわち百五ポンドは百ギニーにあたる。この家では上級ランクの使用人は「ギニーで払われる権利」を有していたということかもしれない。

同時期の一八七一年、レスター伯爵の本宅であるノーフォークのホーカム・ホールでは、フランス人の女性家庭教師に、やはり百五ポンドが支払われていた。中流階級で雇われる住み込み女性家庭教師の相場は、せいぜい二十から四十五ポンドくらいだったというから、さすがに伯爵家は破格の待

メイド「北に来てから元気がないわね、ジェイムズ。天気？　それとも景色のせい？」フットマン「そんなことよりひどいのは、マリア、ビールが違うんだよ」狩猟の季節に現地支給のビールが気に入らないのだろうか。『パンチ』1890年9月15日掲載。

家庭教師「チャーリー、あなたが手にする三つのもの（荷物）はなんですか？」チャーリー（夢見がちに）「世と肉と悪魔（国教会祈禱書より）です」お子様たちとの長旅をするのに、レディと遜色ない外出着を着たガヴァネス。『パンチ』1871年8月26日掲載。

遇である。

しかし、家庭教師はふつう、自分の衣装代、洗濯代、文具代などをこの給料の中からまかなうものとされていた。ドレス代はとくに重くのしかかった。紳士淑女の子どもを教えるのだから、彼女たち自身も淑女でなければならない。住み込み食事つきで働き、お金を支払われる立場は使用人と同じだとしても、外見はレディらしく整えることを求められる。メイドが雇い主からもらっていたような「おぞましいロブスター・ピンクのコットン生地」や「ぞっとするキャップとエプロン」など身につけるわけにはいかなかったのである。

手当て、役得、チップ

家庭教師には認められなかった「手当て(アローアンス)」を、ほかの使用人たちは受け取ることができた。名目はビール、砂糖代など。洗濯代、十九世紀の前半にはお茶、砂糖代など。現物がそのまま配られる場合もあれば、相当額の現金が支払われる家もあった。現物支給のときは、その管理はハウスキーパーがいれば彼女の担当になる。週に一度、決まった曜日に倉庫から出してスタッフに手

メイド「この頃ミルクが水っぽいって奥様が言ってるわよ」牛乳配達のパット「そりゃそうさ、この天気じゃ牝牛ものどがかわく。かわいそうにさ」混ぜ物で水増しした食品が横行し、法規制がかけられていたのだが。『パンチ』1885年8月8日掲載。

ハウスキーパーは、お茶や砂糖、スパイス、ジャム、菓子などを保管する倉庫（ストアルーム）の番人だ。鍵をかけたら何人たりとも入れない。アン・コベット『英国のハウスキーパー』口絵、1851年版。

「雀の草（スパローグラス）はいかが——失礼、アスパラガスでした」前者は教育のない人の言い方。パン、肉、魚、野菜などの日常の食材は定期的に通用口から届けられるのが一般的だった。『パンチ』1870年カレンダー。

渡していた。

かつてカントリーハウスの多くは敷地内に醸造場を持ち、執事の指揮のもとでビールをつくっていた。伝統的に使用人の飲み物といえばビールであり、屋外で働く労働者たちや、納入で立ち寄る外部の業者などにも、気前よくふるまわれていた。

醸造場からパイプをつなぎ、あるいは樽ごと使用人ホールに置いて、朝食、昼食、夕食と、好きなだけビールを飲ませる家もあれば、アルコールにきびしく目を光らせる雇い主もいた。

一九〇五年、ウェールズの地主の邸宅アーシィグでは、ビール一パイント（英国パイントで五六八ミリリットル）あたり二ペンス半から三ペンスの値段で、使用人たちは自由に飲むことができた。「ビール代」として支給される手当ての額は地位によって違い、執事は週八シリング、ハウスメイドやパーラーメイドは四シリング、一番若いメイドとホールボーイは二シリングを割り当てられていた。

しかしとくに中流家庭では十九世紀末にはビール代の習慣は途絶えつつあったようだ。労働者の過度の飲酒を問題視する禁酒運動が盛り上がりをみせていたこともある。

時代がすすむにつれ自家製ビールは過去のものとなってゆき、代わりに推奨されたのはお茶である。十九世紀の初めまではまだ高価だったが、インド・セイロン産の紅茶が大量に輸入されて値段が下がり、国民的飲み物の位置を占めていった。

　雇い主が別の場所に滞在中、解雇されずに留守番をする場合は、食事を買うために「宿泊手当て（ボードウェイジズ）」が支給された。一八九〇年代のペットワース・ハウスでは、メイドの宿泊手当ては週あたり十一シリング六ペンスだったという。

長年ひいきにしていた食料品店店員に「今朝は何もいらないわ、代わりにこの協同組合ストアあての注文状に切手を貼って出しといてって奥様が」古きよきご用聞きシステムから生協の通信販売へ？『パンチ』1877年7月28日掲載。

　ベッドフォード公爵の本拠地であったウォーバーン・アビーでは、家族の留守以外のときでも一律に宿泊手当てを支払う形式をとっていた。ここではメイドたちには全員、砂糖代を週に六ペンス、宿泊手当てが九シリング六ペンス支払われた。最下級のハウスメイドは年給十二ポンドだったので、手当てだけで基本給を大きく超える額がもらえたことになる。

「その袋を馬車の後ろに積んでちょうだい。あなたたちのうちどっちかが御者台に乗れば入るでしょ」奥様みずから協同組合ストアで大量まとめ買い。地元の食料品店と使用人が結託してリベートを取る「役得」は主人たちに嫌われた。『パンチ』1873年カレンダー。

　メイドたちの副収入は、手当てのほかにもまだあった。「役得（パークウィジット、または略してパークス）」とチップである。出入りの納入業者を決定して支払いをする立場にある人は、担当者から「手数料（コミッション）」「ディスカウント」などの名目で個人的に現金を受け取ることがあった。さらには家の中で出る廃棄物がある。コックは牛脂（ドリッピング）を、執事やボーイは使いさしのロウソク、ワインの空き瓶、コルクなどを手に入れた。いずれも定期的に引き取りに来る古物業者に売って、小銭に換えるのである。レディーズメイドや従者は古着を下げ渡されて、自分で着たり家族に送ったり、やはり売ってお金に換えたりした。

　キッチンメイドやスカラリーメイドが苦心して剝いだウサギの毛皮は彼女たちのものになった。ジーン・レニーの回想によると、一九二〇年代にウサギの毛皮は四ペンス、野ウサギは一シリングで売れたが、細心の注意をはらって剝ぎ、傷のないものに限られた。週に二十四羽も処理することもあったため「それでとってもお金持ちになった」という。

　ナースは世話する子どもが洗礼を受ける

ときにチップをもらった。ハウスメイドへのチップとして、滞在客はまくらの下に小銭を置くこともあった。しかし、客から多額のチップを期待できるのは、執事や従者、フットマンなど、直に接する機会の多い「表側」部署の男性スタッフだった。

クリスマスには半クラウンから十シリング、一ソヴリン、五ポンド紙幣まで、現金を贈る雇い主が多かった。それに加えて、制服用の布地やエプロンなど、賛否両論の反応を引き起こす現物支給である。レディーズメイドのロジーナ・ハリソンは、奥様からプレゼントを一任され、「ヴァージニア産の本物のハム」や「物不足の折、ナイロンのストッキング」などを選んで毎年喜ばれていた。しかし、クリヴデンの邸宅で働き始めて二年目の冬には、まだその役は彼女のものではなく、プレゼントをめぐって大惨事が起きるのをまのあたりにしている。

ロジーナが仕えていたアスター卿夫人は大の帽子好きで、海外に行けば大幅に制限を超過して買い込むほどだった。その帽子熱をスタッフと分かち合うため、夫人はメイドたちへのクリスマスプレゼントを帽子にすると決めた。ところが、指令を受けた個人秘書は気が利かず、サイズと色が違うだけの同じ帽子を全員分買ってきてしまった。しかも二シリング十一ペンスの値札がついたままである。使用人ホールは怒りで暴動寸前になった。しかしメイドたちはそのうちふざけだし、目も耳も隠れるほど深くかぶってみたり、頭の後ろにのせたりして遊んだ。男性使用人の中には、帽子を使って器用にアスター卿夫人の物まねをする者もいた。最後にはフットボールの球にされ、暖炉にくべられてよく燃えたのだった。

ものを壊して弁償

気前良く手当てをつけてもらえる家ばかりではなかったし、ものを壊したりすれば、もともと多くはない給料から差し引かれるおそれもあった。ヴィクトリア時代の家事マニュアルによれば、事前に断りなく給料を差し引く行為は違法だったらしいが、元メイドたちの体験談を見ていくとまったく無視されていたらしいことがわかる。

The "Lilian" smart Toque, in black spangled net and sequin wings. From 25/6.

The "Evelyn" Hat, in talac satin, fancy straw, trimming lace, and French rose. From 2 guineas.

The 'Beatrice' Bonnet trimmed with pansies and feather aigrette. From 21/0.

The "Princess May" Bonnet, in bright crimson straw, trimmed ribbon and an ivy mount. From 21/0

「ハロッズ」1895年カタログより、レディ用の帽子。造花や羽根、レースやリボンがふんだんに使われ、1～2ギニーから。小鳥の剝製を丸ごとのせた帽子なども流行った。

「ええ奥様、すっごく壊れやすかったんですこれ！　いつの間にか応接間から移動してたんです！　知らない間に床に落ちてて！」そもそもどうするつもりだったのだろう。『ファン』1878年頃。

雑誌記事「キッチン・トラブル」作業用手袋をして掃除していたのだが、高そうな壺を落としてしまい……。『カッセル・ファミリー・マガジン』1893年掲載。

一九二〇年代に老夫婦の「コック＝ジェネラル（コック兼ジェネラル・サーヴァント）」をしていたバーネット夫人も罰金の思い出を語っている。

「ある朝、そのきたならしいモノ（たんつぼ）を落っことして便器を壊してしまったんです。奥様はかなり怒って、週に十五シリングの給料を差し止めて弁償させました——新しい便器は一ポンド七シリング六ペンスもしたんです」

彼女はちょっとそそっかしかったのかもしれない。別の日にも、朝食のテーブルを用意しているとき、観葉植物を持ち上げたら、それは「宙を飛んで」壁に激突したのだという。そしてまた二週間も給料を止められてしまったのだった。

一九〇六年生まれのラヴィニア・スウェインバンクも同様の体験をしている。二人

はしごから落ちて赤ん坊が下敷きに。「求む、体重の軽いハウスメイド（それと、新しい赤ちゃん）」ブラックなポストカード。消印は1907年。

「大当たり（グランドスラム）」階段から落ちて、運んでいたお皿が木っ端微塵に。ポストカード、消印は1907年。

「春の大掃除——メアリーがパパのお気に入りの彫像を破壊」エプロンの着け方からしてぞんざいそうなメイドの所業。消印は1907年。

の女性が住む小規模な家庭の下級ハウスメイドになって一年がたち、大量の仕事が書かれた時間割にも慣れた頃のことだ。彼女は仕事中に貧血を起こし、早朝の紅茶セットを載せたトレイもろとも階段からキッチンまで転げ落ちてしまった。女主人は自分の主治医を呼んで、「妊娠していないこと」を確認させた。彼女は静養のため実家に帰ることになったが、「破損の賠償として、給料から七シリング六ペンス引かれていることに気づいたときには、がっかりしました」という。元気になったあと、別の勤め口を見つけたのでこの女主人に紹介状を書いてもらおうとしたら、戻ってこないかと打診があった。……が、断った。当時の雇い主としてはよくある態度だったのかもしれないが、失望は否めなかったのだろう。

自転車を手に入れて

苦い幕切れにはなったが、この職場が嫌いだったわけではない。同僚は親切だったし、食事もおいしく、それなりに幸せな日々だった。中古の自転車を手に入れてからは、休日に六キロ離れた街へ行くのも楽

スタッフォードシャーの邸宅「シャグバラ」で1920～1930年代にランドリーメイドをしていたネスタ・マクドナルドと自慢の自転車。

「海軍陸軍ストア」カタログ（1907年）によると、トライアンフ社製のお手ごろな紳士用が6ポンド15シリングから。三段変速の一番高いもので18ポンド12シリングとなっている。

になったという。

自転車の値段は、新品だと一八七〇年代には八～十二ポンド、一八八〇年代には四ポンドと、新米メイドの年収とだいたい同じくらいした。世紀末に起こった大ブームのときには一ポンドの中古品も売られていたという。

一九一七年のこと。ケントの牧師館で働いていたパーラーメイドのファニー・ウルガーも、自転車を手に入れていた。恋人のウィリーが買ってくれたのだ。庭師だった彼は、週に十六シリングの給料を貯金して「中古で十ポンド」もする品を奮発《ふんぱつ》したという。よほどファニーに夢中だったのだろう。デート帰りの暗い田舎道も「旧式のオイルランプではなく、アセチレンランプがついていたので」安全だった。燃料を入れるときに臭くて扱いにくいのが難だったけれど。

不評きわまりないメイドの長時間労働は、年を追うごとに改善されていった。休日も休憩も少しずつ増えて、遠くまで出かける足もできた。ちょっとでもお金ができたら、お洒落して街に出たい。そんなわけで次章では、彼女たちの休日のすごし方について見ていこう。

第8章 メイドの遊び

パトリック・アラン＝フレイザー「怠惰」1871年。
モデルは画家自身のメイド。仕事中に居眠りする怠け者、ではなく、主人の書いた「ためになる本」を読みかけて寝入ってしまった場面。

いつ、どのくらい休めたのか

「牧師館の使用人たちにとって、一週間でいちばん待ち遠しいのは、お休みでした。一週おき一度の午後と、毎週一回、夜間の自由時間がもらえました。ただし、若いキッチンメイドと下級ハウスメイドは別で、彼女たちには週に一度、二時から四時までの午後の休みだけでした。用事があるからといって余分に休むことはできません。けど例外はあって、驚くかもしれないけど、それは――歯医者に行くことだったんですよ」

パーラーメイドのファニー・ウルガーが、一九一三年から仕えた牧師夫妻は、歯のコンディションに非常にこだわる人たちで、歯医者を理由にすればいつでも外出が認められたという。とはいえ、そのような家はおそらく例外だろう。

十九世紀の初頭までのメイドたちには、教会に行く以外、決まった休日というものがほとんどなかった。世紀がすすむにつれ、徐々に制度として固まっていく。一八八〇年に出版されたマニュアル『使用人の実用

フレデリック・ハーディ「パーティーのあと」1876年。
仕事に疲れて寝入る若いメイドと同僚。手袋や扇が残された椅子の配置から察するに舞踏会らしい。

ガイド』は「使用人を雇い入れるとき、休日の規定を明確にしておくべき」と断言している。同書によれば、毎週日曜日には朝・午後・夜のうちどれか一回、そして一週おきには二回、教会に行かせること。そして週に一回午後の外出。加えて月に一回、半日かまる一日の休日を許すのが「一般的なルール」だという。

しかし、どんな休暇がどれだけ許されるかは、完全に主人たちの裁量《さいりょう》しだいだった。一九〇五年に十三歳で下級ナースになったスーザン・ホードルは、あちこちの中流階級の家で勤めてきたが、どこでも働きづめだった。ある家では「毎日二時に庭を横切って、手紙を出しに行くときと、日曜の教会のときだけ」しか外出する機会はなかったし、また別の職場では「まったく休み時間がなく、もし手紙を読んだり書いたりしているところを見られたりしたら、針仕事を手渡されるか、銀器磨きを言いつけられた」という。

一九三一年にカントリーハウスのトウィーニーとして働き始めたアイリーン・ボルダーソンの休日は「週に一度の半日休暇、一週おきの日曜」だった。半世紀前の使用人マニュアルが勧めていた水準とほぼ同じ

1926年に撮影された邸宅「シャグバラ」のメイドたち。この家は使用人が友達を訪ねたりダンスに出かけたりするのを奨励していた。

「このメイドは、サビが嫌いでピカピカが好き。奥様の自転車を毎日乗り回すのは、そういうわけ」ユーモア・ポストカード。1904年のクリスマスに使用。

1908年、メイド生活3年目のスーザン・ホードル。いくつか職場を変えて、「休み時間がまったくない」状況を自転車でエスケープしたようだ。

か、見ようによっては後退しているようにも思える。しかし、ほかの証言と照らし合わせても、「一般的なルール」としてはこのくらいが現実であった。

大きな邸宅は、それにつりあう広大な領地のなかに建っているものなので、その住人がどこかへ遊びに行こうとしたら、まず「足」の確保が必須だった。シュロップシャーの邸宅で働いていたときのアイリーンはこんな具合だ。

「あの頃はバスも列車もなかったので、ブリッジノースの街まで車で連れて行ってもらいました。あそこも当時はまだほんの小さなマーケットタウンでした。毎週日曜日の午後になると、スタッフの半数と、領地で働く人のうち希望者を乗せて、副運転手のワゴンで出かけるのです。二時に出て、四時には戻ってきました。だから街には、一週間おきに二時間しかいられなかったわけです！」

主人夫妻が自分たちの用事で街に行くとき、使用人ホールに伝言を回して希望者を同乗させる家もあった。もしファニーたちのように自転車があれば、誰に気兼ねするともなく遠出できたはずだ。この発明品がメイドたちの心身に与えた自由の大きさはいかばかりだろうか。

門限に遅れた！

九時ないし十時までには家の中に戻っていること、という規則を厳しく守らせる家は多かった。それをすぎれば最悪、紹介状なしでの解雇が待っていた。後のキャリアが難しくなることは明白だった。けれども若い女の子にとって、規則は破るためにあったらしい。ドロシー・ファッジ（旧姓パーク）は回想する。

「門限は冬は九時三十分、夏は十時です。ある夜に、ほんの十分だけ遅れて、締め出されてしまったことがありました。ラッキーなことに、スカラリーの窓が完全には閉まっていなかったので、無理やりもぐりこむことができました。その五分後、奥様がコックに『パークはまだ帰っていないの？』と怒鳴るのが聞こえたんです。コックは私の味方だったので、こう答えてくれました。『部屋にいます――ずっと中にいましたよ！』」

卓球は20世紀初めに流行ったスポーツ。1898年頃に英国でセルロイドの球が考案されて急速に発展した。

エドワード時代に大流行した「ディアボロ」。2本のスティックに渡した紐で独楽を操る。熱中しすぎて仕事そっちのけ、というコミック・ポストカードは数多い。

しかしドロシーが「ずっと中にいた」などということはまったくなかった。別のときにも門限をすぎて、まだ戻っていないところに階上から呼び出しがかかり、間一髪《かんいっぱつ》の目にあっている。このときはレディーズメイドが「いま、髪を洗っているところです」とごまかしてくれた。当時のドロシーは二十代なかば。同僚たちとの連携も手慣れたものだった。

第一次大戦を経た一九二〇年代は、厳しい不況期でもあったが、ヴィクトリア朝的なお上品さが後退し、うわついた空気が流れてもいた。各種の証言や回想録を見ていくと、国中の邸宅で、夜になるとメイドが窓からもぐりこんでいたかのような印象さえ受ける。

スカラリーメイドのサラ・サンダーズもそのひとりだ。ヨークシャー地方にあるハーウッド伯爵の邸宅で、一九二六年から働き始めた彼女は、ある土曜日に近くの村で行われるダンスを楽しんでいた。しかしやはり門限に遅れてしまい、窓から忍び込んだところ――そこは、なんと執事が入浴中の部屋だった！　九十二歳のサラが、地方紙のインタビューに答えて言うには、執事は「かなり不愉快そうでした」。しかし、どうやら解雇はまぬかれたらしい。

　決まりを破ってでも歌いたい。踊りたい。その気持ちをひと一倍持ち、いつか舞台に立つことを夢見ていたジーン・レニーも、サラたちと同時期に、門限をすぎて窓から入った経験がある。十七歳のときの最初の職場では、「仕事もハードだったけど、その隙さえ見つけたら、遊びもハードにやった」という。

　ほとんど同世代でも、マーガレット・パウエルはジーンと違い、ハードな「遊びは別腹派」ではなかったようだ。あるロンドンの家で働いていたとき、二年間いて結局ほとんど観光にいかなかった。本好きだった彼女は、ディケンズやカーライルやウェルズや、文豪ゆかりの家をめぐれたらどんなにすばらしいだろうと期待していたのだが……。

ドレスアップして写真に収まる「ペットワース・ハウス」のハウスメイド。姉妹でおそろいの晴れ着を着ている。1899年撮影。

「いつも、あんまりにも疲れすぎていた。ただ映画館には行きたかった。暗闇で座っていられて、私が何を着ていようと誰も気にしないから」

目一杯着飾って、年に一度の里帰り

着るものが気になる場面といえば、異性の目があるときだろう。しかしもうひとつ

「ペットワース・ハウス」のランドリーメイド、メアリー・ブリッジズ。1894年撮影。大きなパフスリーブにダブルのテーラード・スーツで、かなりファッショナブルだ。

夏目漱石『こころ』をどう読むか　増補版

石原千秋責任編集

永遠の問題作は今いかに読まれうるのか。エッセイ、対談、必読研究論考など、これまでの『こころ』論をベストセレクション。増補版。

▼二〇九〇円

詩歌探偵フラヌール

高原英理

「フラヌールしよう」そして僕たちはゆるやかに街へ飛び出す。メリとジュンに導かれながら詩歌溢れる小宇宙を巡る最高の連作小説。

▼二四七五円

テーゲベックのきれいな香り

物語も、詩も、批評も、呪いも、祈りも、呻きですらも包括する「小説」という表現形態に気鋭の詩人が挑む、メイドたちにとって、とても大切なシチュエーションがあった。年に一度の里帰りである。目一杯着飾って、立派になった自分の姿を、家族と近隣一帯に見せ付けるのだ。あるとき南ウェールズの片隅で、十二人きょうだいの末っ子が、ロンドン帰りの姉たちに憧れをつのらせていた。

「姉たちは家を出て使用人の仕事をしていて、休暇のときには勤め先から帰ってきました。豪華な服に、他にもたくさんアクセサリーを身につけて――そう、それで、私だって家を出るんだ、ぜったい地元の鉱夫とは結婚しないわ、って心に決めたんです」

華やかな世界へ入った彼女たちは、周囲から羨望《せんぼう》のまなざしを受けて、鼻高々だったことだろう。しかしもちろん、小さな妹にやさしくすることを忘れていたわけではない。十九世紀後半、オックスフォードシャーで暮らしていたフローラ・トンプソンは、帰省中の友達が着ていた新しい素敵なドレスについて書いている。それはペールグレーのカシミア地で、白いレースの襟とカフスがついていて、近所でも評判になっていた。

『あのドレス本当に素敵ね、クレム』とローラが言うと、彼女はぶっきらぼうに、『お世辞は言わなくていいのよ。あれは妹

クリスマスツリーの習慣はドイツ生まれのヴィクトリア女王の夫君アルバートが1840年に英国に持ち込んだ。上流家庭から普及して、一般庶民の家に届くのは1860～70年代から。そのためディケンズの『クリスマス・キャロル』にはまだ登場しない。『ガールズ・オウン・ペーパー』1881年クリスマス号掲載。

大量のドライフルーツやナッツと、牛脂、小麦粉などを混ぜて蒸した濃厚なクリスマス・プディング。ブランデーを注いで火をつけ、サーブする。『ガールズ・オウン・ペーパー』1881年クリスマス号。

のサリーに置いていくの。あの子は何にも持っていないでしょ。私が何を着て帰ろうがみんなには関係ないわ。見られて困る人もいないし。いいの』と答えたのだった。実際、クレムが休暇を終えて帰るとき着ていたのは二番目のよそゆきの紺サージのドレスで、次の日曜日には、サリーがあの素敵な灰青色（ペールグレー）のドレスで教会に現れたのだった」

普段の休みは「オフ」だが、年次休暇は「ホリデー」である。原則無給で期間は一週間、ないしは二週間。とる時期はさまざまで、ハウスメイドであれば、年明けからイースターあたりまでのどこかで行われる「春の大掃除」のあとが多かった。また、社交のシーズンが終わった夏に、交代で休暇を与える家もあった。いずれにせよ、すべては雇い主一家の移動スケジュールにあわせて決められる。メイドの都合は二の次だった。

クリスマスと使用人舞踏会

現代日本では恋人どうしですごす日のように思われているクリスマスだが、欧米では家族が集まってすごす団らんの季節である。フライドチキンではなく、七面鳥かガチョウのロースト。イチゴのケーキではなく、クリスマスプディング。温かいお酒に暖炉の炎、そして贈り物——ディケンズの『クリスマス・キャロル』（一八四三年）によって、その情景は永遠のものとなった。主人公の強欲なスクルージに書記として雇われているボブ・クラチットは、妻と六人の子どもがいるのに、週給十五シリングの薄給で暮らしている。子どもたちの中で長女のマーサは、婦人帽子屋の見習いとしてすでに働きに出ている。前日の夜も当日の朝も仕事に追われていたが、クリスマスディナーには無事に間に合って、家族と喜びを分かち合う。

大方のメイドたちにとって、これはかなわぬ夢だったのではないか。クリスマスの「家族の団らん」を楽しめるのは「階上のご家族」であって、家事使用人はほんとうの意味では数に含まれなかったのだ。一九〇〇年代、サウサンプトンの裕福な中流家庭の娘であったイーディス・メルヴィル＝スティール夫人は、クリスマスをこのように記憶している。

「メイドたちはクリスマスの日に帰省できませんでした。その代わりに許されていた、ごたいそうな特権といえば、応接間に招かれて『室内遊戯（パーラーゲーム）』を見ることです。参加はできません、もちろん！　まっすぐな背の二つの椅子に座って、ひどく居心地悪そうにしていた彼女たちの姿が、今もはっきり目に浮かびます」

使用人の中でも最上層の部分——貴族や地主の大邸宅では、状況は大違いだった。

主人一家の厚意で開かれた使用人舞踏会。制服のまま参加しているフットマンやメイドたちの様子が見える。

上流階級の威信をかけたごちそうや贈り物が、メイドたちに対しても降り注いでいた。バース侯爵の本拠地ロングリート・ハウスでは、クリスマスの当日に、使用人のための舞踏会が開かれた。侯爵がハウスキーパーと、侯爵夫人が家令とカップルになり、先頭に立って最初の曲を踊るのが恒例で、メイドたちも石畳の中庭で跳ね回った。

　ポートランド公爵のウェルベック・アビーでは、使用人の舞踏会は十二夜（一月六日）、同館名物の地下舞踏室で開かれた。使用人全員、領地の借地人とその家族を含めて、参加者は千二百人に及んだという。五十人のウェイターが臨時に呼ばれたので、スタッフは仕事から解放された。フットマンのフレデリック・ゴーストによれば、みんなダンス用の衣装をお洒落に着こなし、ハウスメイド頭はビロードのドレス、ハウスキーパーは胸元の深く開いた青いサテンのドレスだった。

「見回すたび私には、みんながこの夜に、それぞれの新しい個性と陽気さを手に入れたかのように思えた。さらに不思議なことに、私たちはお互いの別の面を見ることになったのだ——つまり、使用人ではなく、人としての顔を」

クリスマスのヤドリギの飾りの下では誰でもキスをしてかまわないというならわしがある。メイドが同僚フットマンに……。ポストカード、消印は1905年。

　公爵夫妻は初めのうちは参加するが、十二時をすぎた頃退席し、宴はさらに深夜まで続いた。夜明けがやってくると、「シンデレラたちはみな、仕事をしなければならない日がまたも始まったことに気づき、一年でもっとも刺激的なパーティーは、すみやかに終わりを告げる」のだった。公爵夫妻は寛大にもそのあと友人を訪ねて一週間ほど留守にし、フレデリックたちが我に返ってもとの日常にもどる時間を与えてくれたそうである。

ボクシングデー

　一九一〇年代、ケント地方の牧師館では、公爵家や侯爵家よりはもう少し穏当なもてなしが使用人に贈られていた。ファニー・ウルガーは、恋人だった庭師のウィリーが持ってきてくれたヒイラギやツタを階上のホールに飾り、あまった葉っぱで使用人ホールもデコレーションした。お昼には七面鳥のロースト、クリスマスプディング、ミンスパイ、フルーツやナッツのごちそう。そして十シリングのボーナスを受け取った

1914年の冬の日に「ブロズワース・ホール」で撮影された写真。中央の男性が執事、左から二番目がコック。ハウスキーパーはなぜ犬を抱いて雪まみれで座っているのか、雪遊びでもしたのだろうか？

子どもの成人。チェシャーの邸宅「ライム・パーク」で行われた男爵子息の成人パーティー、1910年。当時の一般的な成人の年齢は21歳。かがり火が焚かれ、領民にビールがふるまわれた。

あとは、階上の晩餐会とその大量の洗い物で大忙しになった。そんなメイドたちにちょっとした娯楽が提供されるのは翌日の「ボクシングデー」だった。例年、手品師が呼ばれるのだが、正装姿の主人夫妻と友人たちに、使用人も加わり、一緒に楽しむことができた。

「ボクシングデー」とは、クリスマスの翌日、それが日曜であればその次の月曜に定められている、英国文化圏の祝日のことだ。起源としては、教会の寄付箱を開ける日だからという説、使用人や郵便配達や出入りの業者に贈り物（クリスマスボックス）をする習慣からという説などがある。

さて、ファニーの勤めた牧師館に戻ると、使用人のための正式なクリスマスパーティーは、毎年一月のどこかの日に行われていた。このときだけは、主人夫妻は自分たちの用事をすべて自分でこなし、メイドたちが心置きなく楽しめるようはからった。屋外で働く庭師夫妻、その見習いの若い男の子たちも招待された。

ファニーが勤める以前、ひとつの事件があった。ウィリーがパーティーに突然「若いお嬢さん」を連れてきたのだ。とても内気で人見知りな「彼女」のことを、その場

「ヒズ・マスターズ・ヴォイス」ご主人さまの声に耳を傾ける犬の有名な図案に、使用人たちも参加。蓄音機会社の広告、1905年頃。

「ライム・パーク」のクリケットチームで活躍する庭師頭のフレデリック・ギブソン。主人たちも交えたチームでプレイした。

「この機械、旦那様のお説教そっくりにしゃべるんですね」1877年、声の録音再生機「フォノグラフ」が発表され話題に。このエジソンの円筒式は、のちの1887年に発明されたベルリナーの円盤式「グラモフォン」に敗れる。『パンチ』1878年4月6日掲載。

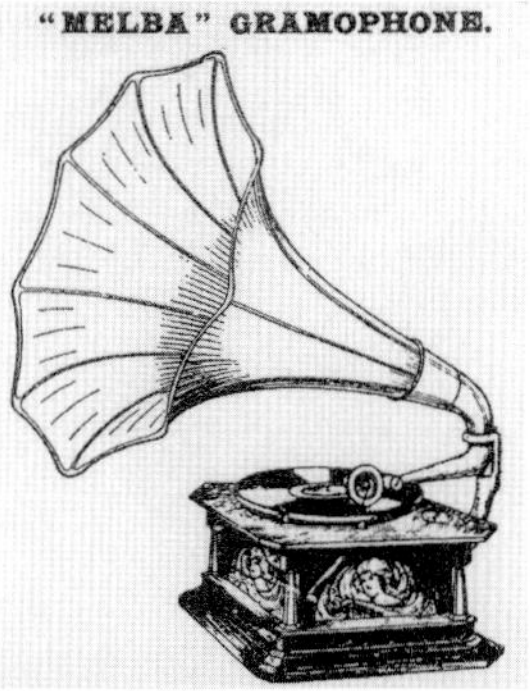

手回しからスプリングモーター式に改良された蓄音機。アサガオ型スピーカーで15ポンド。「海軍陸軍ストア」カタログ、1907年。

の誰も知らず、彼はさんざんからかわれた。パーティーの最後に秘密が露見する。「お嬢さん」の正体は、庭師見習いのひとり、フレッド少年だったのである。イタズラのためにカツラと衣装まで借りてきたウィリーは喝采《かっさい》を受け、この話は使用人のパーティーが開かれるたびに語り継がれる伝説になった。

使用人のダンスの会を、一年に一度といわず頻繁に開く気前のいい主人もいた。主人の誕生日、結婚式、結婚記念日、子どもの成人などの場面に合わせて、階上だけでなく階下でも舞踏会を開かせる場合があった。チェシャーの邸宅ライム・パークでは、クラブルームがもうけられ、ダンスや卓球、ダーツなどの遊びができた。また、主人のニュートン卿はクリケットが大好きで、庭師の募集をかけるときは「クリケットができる者を希望」の一文を加えさせたという。使用人ホールにお古のピアノを置いたり、ビーチや名所旧跡へのピクニックを催す家もあった。

贅をつくした使用人舞踏会やレクリエーションは、雇い主の狙いどおり、スタッフの忠誠心と日々の英気を養った。ことによると贅沢に慣れすぎて、家を恋しく思う気持ちがなくなるほどだった。そこまでの豪華さは無理だとしても、十九世紀後半から二十世紀の初めには使用人不足が囁《ささや》かれるようになり、良い人材を集めるためにも、雇用主たちは使用人の福利厚生に気を遣うようになっていった。

つくり出す楽しみ、イタズラの数々

主人たちから与えられる娯楽は上品で、羽目をはずす余地はあまりない。自発的にはじまる同僚とのイタズラ合戦や、ちょっとした規則違反のほうが、もしかしたら楽しかったのではないだろうか。

一九〇〇年代半ばに、アイルランドの邸宅でフットマンとして働いていたジョージ・スリングスビーは、同僚から水泳を教わることにした。水着を持っていなかったので、少し離れた川まで行って、裸で水に入った。しかし、上がったときには、たった一枚のタオルを残して脱いだ服が消えてしまっていた。盗まれた！　木の枝で前と後ろを隠して五キロの道のりを苦労しながら帰り、死にもの狂いで庭の芝生を突っ切って、裏階段を駆け上がると――階段の上には、盗まれたはずの服が小山になって置いてあった。その傍らでは二人のナースメイドが笑い転げている。子どもをつれて外出していた彼女たちが、偶然見つけて持ち去ったのだった。あとから思えば自分も面白がればよかったのかもしれないが、このときまだ二十にもなっていなかったジョージにしてみれば、メイドたちにからかわれるのは不快でしかなかったそうだ。

イタズラの才覚ではフットマンも負けていない。一九三〇年代、スコットランドの邸宅マンダーストンでハウスメイドをしていたベティ・ウィニーは、フットマンたちにシーツのあいだにタピオカを入れられて、散々な目にあったという。取り除くのはおそろしく面倒だった。ハウスメイド頭に昇進したときには、枕に小麦粉を仕込まれて、気づかずに寝たら翌朝には頭が真っ白になっていた。「休みはほとんどなかったけど、楽しみは自分たちでつくりだせたのよ」と懐かしげに語っている。

仕事の最中にも、愉快なことは見つけられた。一九二〇年に北ウェールズの邸宅アーシィグで働いていたマギー・ウィリアムズは、仲間と一緒に「春の大掃除」をしていたとき、がらくた置き場になっていた屋根裏部屋で、トランクをひとつ発見する。開けてみると流行おくれの衣類が入っていた。

「その中に、とっても綺麗なドレスが一枚ありました。モーヴ色のシルクタフタ地で、羊の脚型（ジゴ）袖でした。私たちはみんな着てみたのですが、サイズが合ったのは私だけ。それで、地下にいるコックにも見せようと思って、帽子をかぶってパラソルも持って階段を降りていきました。でも一番下についたところで、ちょうど角を曲がってきたフィル様と鉢合わせしてしまったんです」

このフィル様とは、主人の次男フィリップ・ヨークで、このときおそらく十五歳くらいである。

「フィル様は立ち止まって私を見つめ、ものすごく丁寧なお辞儀をしてきたので、私も膝を曲げるお辞儀をして、ダッシュで上に逃げ帰りました。フィル様は予定外にご帰宅されていたみたいでした。そんなわけで、コックは私のドレス姿を見ることはなかったのです。フィル様はそのドレスをア

麦わらでくすぐってメイドの気をひこうとする下働きの少年。仕事中のほほえましいひとこま。

「下に持ってってフットマンにブラッシングさせるのよね、これ。でも今朝はだいぶ遅くなっちゃったし、上に持ってってちょっと振るっておしまいにしちゃおう」休憩は自分で作る。『パンチ』1871年12月9日掲載。

イルランドに持っていき、どこかへなくしてしまいました」

「フィル様」は演劇好きで、のちの一九三〇年代には劇団を結成し、アイルランド巡回公演もしているので、モーヴのドレスは舞台衣装に使われたのかもしれない。そして、代々使用人と仲良しだったというヨーク家の血は、確実に受け継がれていた。フィリップ・ヨーク氏は独身のまま老齢を迎え、アーシィグの邸宅を兄から相続したあとも、元使用人たちと親密な交流を続けたという。

マギーとフィル様の「紳士淑女ごっこ」から半世紀前、ジェネラル・サーヴァントのハンナ・カルウィックも、同僚のリズと一緒に「レディとメイドごっこ」に興じていた。パーラーメイドのリズが、窓からレディたちを見上げて、「もし私がレディにさえなれたら、あんな上等のドレスを着てみたいな」と言い出した。使用人としての人生が気に入っていたハンナは同調できなかった。しかし、「あんたがレディだったらどうなるか、やってみようよ。私がリズの家に働きに来た使用人の役をやるから」と、なりきり遊びをはじめるのである。リ

「乳母車を押しながら本なんか読んでないでしょうね？」「私が？そんな、考えたこともございません！」しかし子どもは身近な大人の真似を……。『パンチ』1871年5月6日掲載。

ファッション雑誌を見ているハウスメイド（左）と編み物をしているコック（右）。直火焼きの肉は焦げていくばかり。『パンチ』1853年4月16日掲載。

ズがハンナに「キッチン希望ね」「料理は得意？」「前職は？」「紹介状は？」と質問を重ね、お決まりの面接の手順は進んでいった。

「お給料は十六ポンドがちょうどいいと思います、奥様」とハンナが言う。

「あらそう、私、コックには二十五ポンドあげることにしてるのよ。あなた、そんなに腕がよくなさそうだから、それ以上はあげなくていいわね。ごきげんよう」とリズが返す。

「ありがとうございます、ごきげんよう奥様」

　ハンナがレディになるパターンもやってみて、ひとしきり楽しみ、別の同僚が入ってきたとき遊びは終了した。すべて勤務時間中の息抜きである。

縫い物、編み物、読書

　こんな遊びができる相手がいなかったら、大方にとってはかなり寂しいだろうが、ひとりの職場のほうが好きだという人もいた。メイドたちが仕事のあいまにひとりでできる気晴らしといえば、縫い物や編み物や読書である。キッチンに書棚を置いて、読ませたいレシピ本、実用書、ためになる啓蒙《けいもう》書《しょ》などを入れる女主人もいた。

　一九二八年、ウィニフレッド・フォリーは十四歳のときにコッツウォルズの老婦人の家でジェネラルメイドとして働き始めた。屋根裏でたまたま見つけた本を読みたかったのだが、そんな時間はまったくもらえなかったので、キッチンの戸棚に隠しておいた。仕事を適当にやっつけては棚に顔をつっこみ、こっそり読みふけっていた。あるとき読書に夢中になって、奥様の接近に気づかず、杖でお尻を叩かれてしまう。こらえきれずに戸棚につっぷして涙を流すウィニフレッド。女主人は驚き、自分の行為を深く後悔したようだった。しかし彼女が泣いていたわけは、ただそのとき読んでいた『アンクル・トムの小屋』の展開に心をゆさぶられていただけなのだった。

　世間から切り離された田園のコッツウォルズには、美しい自然のほかには女主人の読み捨てた本くらいしか刺激はなかったのかもしれない。しかし、ロンドンにはもう少しいろいろな娯楽があった。映画とならんで、メイドたちにひとときの安らぎを与

子どもが危ない！「大丈夫です奥様、この子、ちっとも読書の邪魔しませんから」殺人や恋愛が満載の「扇情小説（センセーション・ノベル）」が大流行。『パンチ』1881年3月19日掲載。

掃除をさぼって小説を盗み読み。こんな小さな出来事が大きな「堕落」につながる……というお説教物語。『ジェニーの初めての職場、または人生の教訓』リワードブック、1881年。

値段も造本も内容も安い扇情小説は「ペニー・ドレッドフル」と呼ばれ、良識的な人びとに嫌われていた。雑誌記事「昨今のメイド」より、『カッセル・ファミリー・マガジン』1894年掲載。

えていたものといえば恋愛小説である。

「休日には、一番近い映画館に行って、それから古本のロマンス小説を買い込んできたものだった。それなら体力を大幅に節約できる。もし夢のように素敵な男性がいきなり私の前に現れたとしたって、どうにかできるだけの力はなかっただろうな、とよく考えた」

「ロマンス小説」に夢中

現実主義者のマーガレット・パウエルも愛読していたロマンス小説。これは、十九世紀の後半から大量に出回り始めた大衆向け文字メディアのひとつである。目を引くイラストが表紙を飾り、読み切りまたは短めの連載小説をいくつか載せた雑誌の形をとっているものが多かった。上品なご家族が読む『イラストレイテド・ロンドンニュース』や『ザ・グラフィック』は一部六ペンスもしたが、こうした労働者階級の女性向けロマンスは、一ペニーか半ペニーだった。ページは少なく、紙も印刷もちょっとチープだが、お金のない少女たちの手にも届きやすかった。

十九世紀末に読まれていたものでいうと『プリンセス・ノヴェレット』『スウィートハーツ』などの甘い言葉を誌名に冠して、内容もそれに劣らず相当スウィートであった。たとえば一八八六年の『キティ、ある田園詩』は、田舎のメイドが女主人のご子息と恋におち、伯爵夫人におさまるという物語。一八九四年の『上流の恋人たち』は、猟場番の娘がロンドンのハイドパークで犬に襲われ、逃げた先で馬にはねられそうになり、出会ったとてもハンサムな紳士が実は公爵で……という身分違いの恋物語だ。

このような内容のロマンス小説は、年頃のご子息や浮気性の旦那様をもつ奥様たちにはとくに、許しがたいものだったろう。それならもっと高尚な本であれば歓迎されたのかというと、そうとも言えない。立派な邸宅には図書室がつきもので、蔵書の量や質は、絵画や家具と同等にステータスシンボルであった。マーガレット・パウエルは、ロマンスと同様に主流文学も好きで、ディケンズやコンラッド、O・ヘンリーなども読んでいた。ある貴族の家に勤めていたとき、階上の図書室の本を借りる許可を求めてみたことがある。すると夫人は少し驚いてこう言ったのだ。

「ええ、もちろんかまいませんよ、マーガレット。でも――あなたが本を読むなんて、知らなかったわ」

彼女はマーガレットが仕えた中でも格段に気前がよくて、スタッフひとりひとりに目を配り、「これが本物の貴族か」などと感じたりもしたものだ。しかし、どんなに良い女主人でも、メイドたちの心の充実など、結局は興味がなかったのだろう。休み時間には、ただ無為に座っているか、低俗なロマンス小説雑誌を「眺める」かしているだけで、自分たちと同じ本を読みたいメイドがいるなんて、奥様たちには思いもよらないのだ。そんなふうにマーガレットは皮肉に考えていた。

どんなものであろうと、メイドたちが実用書や宗教書以外の本を読むことを、奥様たちはあまり快く思わなかったようだ。「もしも」の世界に遊び、妄想を育てることが、やがてどんな結果につながるか。今とは違う世界を想像する力が、「神のさだめた秩序」を、いつか転覆するかもしれない。雇い主たちはそんなふうに感じていたのかもしれない。

『スウィートハーツ』掲載の「上流の恋人たち、または、ノーラ・フリンはいかにして公爵夫人になったか」これも身分違いのロマンス。

「恋、求愛、そしてロマンス」が満載の「英国女子のためのストーリー・ペーパー」と銘打った『スウィートハーツ』。美の秘訣、恋人たちへのアドバイス記事も掲載。1898年。

連載小説誌『プリンセス・ノヴェレット』1ペニー也。身分違いの恋物語『キティ、ある田園詩』1886年掲載。

郵便が届いたが、奥様には手紙だけ。メイドのメアリーは絵入りファッション読み物雑誌を定期購読しているらしい。『パンチ』1861年11月23日掲載。

タウンハウスの前面にある空堀（エアリア）のてっぺんで「炭酸ガスパン（エアレイテッド）」の配達人といちゃいちゃ。『パンチ』1869年1月16日掲載。

道路から地下のキッチンを照らす、警官の携帯灯（ブルズアイ）が「私の彗星」。とても明るい「ドナーティ彗星」が観測された直後の漫画。『パンチ』1858年11月6日掲載。

第9章 メイドの恋人

ボーイフレンドは「フォロワー」と呼ばれて

マーガレット・パウエルは、ロンドンのキッチンで働いていた二十世紀初めの恋愛事情を、苦々しい思いで振り返る。

「(メイドが) 若い男の子を捕まえることは、外聞のいいこととは思われていなかった。雇い主たちはとかく私たちの恋愛をおとしめようとする。未来の夫をグーズベリーの木の下で拾えるとでも思ってるんだろうか」

グーズベリーの木の下とは、「赤ちゃんはどこから来るの?」という子どもの質問に答えていう場所で、『コウノトリ』や『キャベツ畑』に相当する決まり文句だ。

「お嬢様たちは社交界にデビューして、舞踏会で若い男と出会い、踊ったり、私的なパーティーに行ったりするのに、メイドがボーイフレンドをつくれば、その彼は『フォロワー』と呼ばれることになるのだ。私は、これはさげすみの言葉だと感じる。好

「『フォロワー』は禁止と言ったでしょう。おまえ、うちへきて1週間もたたないのに——」「きっと前のコックが置いてったんですよ！」『パンチ』1871年9月16日掲載。

奥様はケチで、料金を気にしてガスは止めるし、ロウソクもくれない。でも彼氏のブルズアイがあれば大丈夫。『ファン』1872年頃。

きな男性に会うために、裏通りにこそこそ出て行く人たちを連想してしまう。白昼堂々とは会えない相手のように。どうしてあんなことしなければならなかったんだろう。自分の娘を男とくっつけるために、こまごまとお膳立てするくせに、使用人が恋をすることの何がいけなかったっていうのだろう」

メイドの彼氏は「悪い虫」？

たしかに女主人たちはメイドが恋人を持つことを嫌い、メイドのボーイフレンドを「フォロワー」と呼んでいた。ここでのフォローとは「求愛」を意味するが、どこか「悪い虫」のような響きもある。お嬢様たちがお付き合いする相手は「求婚者（スーター）」や「恋人（ラヴァー）」、ひょっとすると「崇拝者（アドマイアラー）」などとロマンチックに呼ばれたかもしれないのに、同じ男でも階級が違えば別の生き物のように扱われたわけである。

奥様たちの合言葉は「ノー・フォロワーズ」であった。そのように公言されている家の中で、男友達に食事を出したり、帽子に隠した花を受け取ったりすれば、解雇される可能性があったのだ。とはいえ、ヴィクトリア時代後期の雑誌記事や実用書を見比べてみると、その制限の強さはまちまちだったようにも思える。

一八八〇年の『使用人の実用的ガイド』は「管理のゆきとどいた家では、男の友人、いわゆる『フォロワー』の訪問はきびしく禁じられる。（中略）規模の大きな家ではひとつの特権とみなされ、許容されている。これをやめさせようとすることは、女主人にとって絶え間ない不快の種になる」という。

同年に発売された『カッセルの家事ガイド』は「ごく少数の例をのぞき、この特権は許さない方がよい。『フォロワー』という言葉の意味は幅広く、許容できる訪問者とそうでない人間の線引きは難しいので、キッチンへの訪問者は、明確な許可を与えた場合のほかには禁止してしまった方が面倒をさけられる」と勧める。

さらに、その一年前に出版された『ディケンズのロンドン事典』（小説家チャールズ・ディケンズの息子による）では、「非常に多くの雇い主が、『ノー・フォロワーズ』の厳しいルールを敷こうとするが、これは大きな間違いだ。主人たちが望もうと望むまいと、メイドたちは今までも男と付き合ってきたし、これからもそうだろう」とあきらめ気味だ。「この事実とまず向き合い」、事前に相手の素性を確認して、決まった時間に面会を許すほうが「賢い判断」だそうである。

同時期に書店にならんだ、似たような内容の三冊から、メイドの行動を統制したい奥様の願望と、実行しきれない現実との乖《かい》離《り》がにじむ。中流家庭のキッチンで働いてきたマーガレットの回想は続く。

「『好きな男性がいるなら、仕事が終わったあと使用人ホールに招待しても構いませんよ』と奥様は言うかもしれない。でも、そんなのは嘘だ。手紙を出しに行くとか口実をつくって、空堀の階段をこそこそあがって、道の角で会わなきゃならない。夜にデートから帰ったときは、階段の上のところや、ちょっと入ってもらうかして、お休みのあいさつをすることもできないのだ」

もっと上流の邸宅ではどうだったのか。『実用的ガイド』が、まるで大規模な家では厳しい管理体制が成功していたように書いているのは、ハウスキーパーなどの上級使用人が介在してメイドの「美徳」を守っていると考えられたからだろう。カーライル伯爵夫人のハウスメイド頭は、部下たちの生理用ナプキンが毎月洗濯されているかどうかチェックさせられていた。妊娠するようなことをしていないか見張っていたのである。

スタッフの職場恋愛

もし外から入り込むフォロワーを首尾よく阻止できたとしても、奥様たちが快く思わない求愛行動が家の中で起きるのを止めることは、事実上不可能だった。第1章で述べたように、男女の使用人は交わらないよう、宿舎の振り分けから食卓の席次まで、注意深く分けられていた。にもかかわらず、スタッフの職場恋愛はあまりにもよくあるできごとだったのだ。

それは必ずしも対等な恋愛とは限らなかった。上級使用人から下級メイドへのセクシュアル・ハラスメントは少なくなかったようだ。一九三〇年代頃、ベティ・ウィニーがスコットランドのマンダーストンで掃除をしていたとき、執事が部屋に入ってきて彼女にのしかかった。「ブラシで顔をひっぱたいてやったら、ほっぺたから血が出たわ。でも、彼はひげそりに失敗したふりをしていたわね」と、まるで笑い話のように振り返るベティだが、当時は誰にも相談できなかったという。

もし彼女が声をあげていたとしても、結果は同じことだったかもしれない。不品行が発覚したとき、解雇されるのは当然女性のほうだったからだ。ノーサンバーランドにあるヘスリーサイド・ホールで一八五九年から働いていたインクリーという名の執事は、何人ものメイドと関係していた。相手のひとりは解雇され、ひとりは妊娠して

両手に花の海兵。左のメイドは少し短くなったスカートからおしゃれなストライプの靴下をのぞかせている。ユーモア・ポストカード、1915年。

去り、もうひとりは彼を愛するあまり喉をかき切ろうとしてクビになった。さらにもうひとりは彼を争ったあげく自分から辞めた。ここまでの惨状を引き起こしておいて、「酒を飲まずに有能に働く執事を雇っておくのは難しいから」という理由で、インクリー自身はクビにならなかったのだそうである。

　メイドたちもやられっぱなしではなく、格上の執事を手玉にとったかのような証言もある。ある女性は、一九一三年にリンカーンシャーの邸宅で第三ハウスメイドとして働いていた。

メイド仲間と、庭で働く男の子たちと、子犬もまじえて楽しいひととき。ポストカード、おそらく1930年代頃。

「執事は階上の裏通路ですれ違うたびに私にキスしてきました。それで、夕食のあと使用人ホールでみんなが騒いでいたとき、執事が文句を言いに入ってきたら、私は彼に笑いかけたものです。ハウスメイド頭は『執事に笑いかけるなんてよくできたものね』と言いましたが、彼は私が秘密をばらすことをいつもおそれてたんじゃないかと思います。そんなことしませんでしたけど」

メイドが入ってきた瞬間、ソファで語らっていた紳士淑女がさっと離れる。彼のヒゲに彼女のイヤリングが。階上の恋愛も、ひと目がなければそれなりに進んでいたようだ。『パンチ』1871年8月19日掲載。

　各種の記録を見ていくと、労働者階級の未婚男女の感覚では、キスまでは罪のない楽しみのうちであって、たとえシリアスな交際相手が別にいたとしても、とくに問題はなかったのかもしれないように感じられる。お上品ぶりで知られる中流階級の奥様が、メイドたちの軽薄さを断罪したがったのは、男女関係に関する価値観が、階級によってあきらかに違っていたからかもしれない。

「ご家族」からのアプローチ

　遊びでいちゃつくのはいいとしても、重大な結果につながりうる「それ以上」の行為から身を守りたければ、スタッフだけでなく階上の人びとにも注意が必要だった。英国最古の書簡体小説といわれるサミュエル・リチャードソンの『パミラ』から始まって、トマス・ハーディの『テス』、匿名の好色実録もの『わが秘密の生涯』など、文学の世界では「使用人を誘惑するご主人様」というモチーフが繰り返し描かれている。

　現実はどうだったのかというと――総体

的には、メイドたちが交渉を持つ相手は同じ階級の男性が多かった。したがって、文学に書きつがれてきたイメージほどには、どこの家でも当たり前にはびこっていた「悪徳」というわけではなさそうだ。それなのに、メイドの回想録をひもといていくと、「友達の話だけど」「危ないところで逃げられたけど」というどこか弁解がましい補足とともに、「紳士」たちのアプローチを受ける話が頻出する。

一八六七年に生まれ、のちに高級ホテルのオーナー兼料理人として脚光をあびることになるローザ・ルイスは、十二歳からフルタイムで働き始め、十六歳のときから、パリ伯フィリップの家でキッチンメイドになった。美少女で評判だったローザは、寝室に戻ったら家具をドアの前に動かしてバリケードを築かねばならなかった。あるときなど、ギリシャの王子が忍び込んで待ち伏せていた。彼女はあらん限りの大声で怒鳴りつけ、追い払うことに成功したという。

意にそまぬ妊娠、そして……

マーガレット・パウエルの同僚だったパーラーメイドのアグネスは、予期せぬ妊娠

「パミラ」より。女装して部屋の隅にひそみ、メイドのパミラを誘惑しようとするミスターB。ジョゼフ・ハイモア画、1734～35年。

ルーク・ファイルズ「救貧院臨時宿泊所の入所希望者たち」1874年。警察署の前に列をなし、一夜の宿と最小限のパンの切符をもらうため並ぶ。不品行で解雇されれば末路はこのようになるとイメージされていた。

のすえ去った。一緒に働いていたハウスメイドのグラディスは、ロンドンの下町ステップニー生まれで、他の二人より少しだけ、堕胎に関する知識に長けていた。

「グラディスは『それ』を取り除くのに効くといわれていたペニーロイヤルミント（ハーブの一種）の錠剤や、ビーチャムの薬（下剤）、キニーネ（解熱薬・マラリアの薬）を買ってきた。しかし、アグネスは半日トイレにこもっただけで終わった。次の指示は、熱い湯を運び上げて腰湯（ヒップバス）を用意すること。缶入りマスタードを何個ぶんも、お湯がまっ黄色になるまで入れた。このマスタードバスはきっと効くはずだった。アグネスが入れたらの話だけど。でも、もうおなかが大きくなりすぎていて無理だった。重い荷物を持てるだけ持って運ぶ。休日には公園に行って、何度もベンチにのぼっては飛び降りるのを繰り返した。笑い話に聞こえるかもしれないけれど、当時の彼女には恐ろしいことだったのだ。それから

ものすごく大きなアームチェアを持ち上げて、部屋の隅から隅まで動かした。どれも結局、効き目はなかった」

　父親の名前をアグネスは言わなかったが、彼女はそのへんの男の子と軽はずみに付き合うような子ではなかった。結局、同僚たちの努力もむなしく奥様に知られて解雇されてしまうのだが、一か月分の給料が渡されたことで、マーガレットがうすうす感じていた疑念は確信に変わる。若くてハンサムで素敵な声をした、奥様の甥にちがいない。彼が出入りを禁じられていたはずの、メイドの寝室につながる裏階段で、何度か見かけたことがあった。そしてアグネスは、メイドには分不相応なシルクの下着を持っていた。きっと彼は贈り物でその気にさせたのだ。

ジョージ・エリオットの小説「アダム・ビード」の場面。地主の跡継ぎに誘惑されるデイリーメイドのヘティ・ソレル。エドワード・ヘンリー・コーボールドによる水彩画、1861年。

　アグネスは夢見がちな娘だった。二人で恋愛映画を見ても、彼女だけは本気で入れ込んでしまった。現実はロマンス小説のようには運ばない。田舎のメイドが伯爵夫人になったり、猟場番の娘が公爵と結ばれたりは、ふつうはしないものなのだ。

彼氏は軍人か警官?

　大方のメイドたちは、望みの薄い相手に期待はせず、同じ階級の男と出会い、デートし、そして結婚した。本章の冒頭でマーガレットが語ったとおり、雇い主の監視と長時間労働の制約があり、相手を見つけて関係を育むためにはそれなりの工夫と努力が必要だった。

　当のマーガレット自身はというと、若い頃に聞いた「男のハートに通じる道はね、胃袋にあるんだよ」というある執事のアドバイスを心に刻んでいた。好きな人ができるとできるかぎり着飾ってキッチンに呼び、腕をふるい、最後には愛する夫を手に入れた。「キッチンに男を入れる」のは、無許可であれば解雇につながる重大なルール違反である。

　公式に許されていたのは、日曜の教会までの行き帰りと、使用人舞踏会などの季節行事のときくらいだった。そんな中でメイドたちが折々に出会える外部の男性といえば、都会においてはパトロール中の警官、近くの兵舎の軍人、届け物にくる商人、新聞や郵便の配達人などだった。「警官や軍人や配達人といちゃつく軽薄なメイド」のイメージは、風刺漫画や絵葉書の中にあまりにも流布しすぎていて、どこまで現実を反映しているのか疑わしく思えてくる。しかしそれはひとつの真実でもあった。彼らは人数が多く、彼女たちの勤務時間中に接触が可能で、（紳士階級の将校でなく一兵卒であれば）階級と財布の中身がつりあう若い男性の代表だったのだ。

　ハンナ・カルウィックは、一緒に働いていたメイドが「ライフル兵を見に行った」と日記に書いているし、ジーン・レニーも、同僚が深夜に海兵を引き入れるところを目撃している。彼女がある公爵のタウンハウスでキッチンメイドをしていたとき、パーラーメイドとハウスメイドの姉妹は二人とも警官と結婚して辞めた。そのあと短期で来たパーラーメイドは、まもなく公爵夫人の甥と関係を持った。思えばベッドに寝に行くのにメイクをしていたのはおかしな話だった。公爵夫人はこうしたメイドの恋愛事情についてまったく気づかなかったという。

水面下で進める恋

規模の大きな田舎の邸宅であれば、頼もしい領地の労働者や、ひと目をはばからず花を贈ってくれる庭師、ハンサムで長身なフットマンたちと、その「あがり」の姿である執事などが恋の相手になった。一九〇九年生まれの元執事、スタンリー・スーエルはいう。「誰もがみんな使用人と結婚します。なぜなら、会える人といったらそれだけだからです。執事はいつもハウスメイドかキッチンメイドと結婚します。レディーズメイドと結婚するものもたまにおります」——そして、彼自身はレディーズメイドと結婚した。

一九三〇年代に、トウィーニーからハウスメイドに昇格していたアイリーン・ボルダーソンも、執事に恋をしたことがある。この時代になってもまだ、交際は「とても慎重に」進めなければならなかった。ウィンザーの邸宅で働いていたときのことだ。

「グローヴ・ロッジ（職場）から離れたところで待ち合わせをして、デート先からは私が先に戻り、ジョージは村で一杯飲んで時間をずらして帰るようにしていました」

半日休暇には二人で彼の母親を訪ね、やさしく迎えられた。しかし、この恋はやがて悲しい結末に至ってしまう。

たとえ規制されても、カントリーハウスのメイドたちはあの手この手で女主人の目を盗み、ハウスキーパーを出し抜いた。あるフットマンとキッチンメイド頭は、ランプ部屋の敷物の下にメモを隠してやり取りし、朝の四時に抜け出して森を散歩した。ロングリートの館において、ナースメイドと客室接待係（グルーム・オブ・チェンバー）の密会場所は、子ども部屋の洗い場だった。

美しい庭園も非公認なデートの場になった。ファニー・ウルガーが勤めていた牧師館の女主人は野の花が好きで、室内のフラワー・アレンジメントはパーラーメイドである彼女の仕事だった。花を探しに外に出るときは「出ているあいだ電話と玄関の応対をかわってくれるよう、ハウスメイドに頼んで」行ったという。そうして雇い主の目を避けながら、少しの時間を見つけ、庭師のウィリーと一緒にすごすのが楽しみだった。

汽車が通る時間に合わせて機関士の恋人にハンカチを振るレディーズメイド。『カッセル・ファミリー・マガジン』1892年掲載。

ハンナ・カルウィックはヴィクトリア時代中期から一八八〇年代にかけて、主にジェネラル・サーヴァントとして働いていたが、週内にきまった休日を与えられることは少なく、休みが欲しければいちいち申し出なければならなかった。そんななか、他家に伝言を届けにいくときはチャンスである。一八七一年二月八日、ハンナはその方法でかなりの時間を恋人の「ご主人様（マンビー）」とすごした。

おそらく五時頃の「お茶の時間」に伝言を頼まれた彼女は「休みを申し出る手間が省けてラッキー」と思った。まず先方の家へ行ってメッセージを届けたあと、六時には恋人の家に到着し、「時間の許す限り彼に仕え、快い二時間をすごした。『ご主人様』はフェター通りの角まで一緒についてきて、そこでキスをしてお休みをいってくれた」という。

地下鉄に乗って届け先の家まで戻ったときには、すでに真っ暗になっていた。相手の家を訪ねて返事をもらおうとしたものの、そこの使用人がメッセージを忘れてしまってひと手間余分にかかった。急いで帰ったが、着いたのはすでに九時。「叱られるかと思ったが、何も言われなかった」――同じロンドン圏内に伝言を届けるだけで往復四時間。ずいぶん長いおつかいである。

「アーシィグ」のご子息兄弟に仕えたナースのルーシー・ヒッチマンと、馬の世話係のアーネスト・ジョーンズ。主人公認で交際し、のちに結婚した。1911年撮影。

長距離恋愛の悲劇

アイリーン・ボルダーソンと執事のジョージの恋の続きは、ハンナのようにうまくはいかなかった。彼女は北部ヨークシャーに生まれ、自然に囲まれて働けるカントリーハウス勤めが気に入っていたが、恋人がロンドン中心部の高級住宅街に移ったときには、彼を追って近くに転職した。二人の職場のそばを歩くたび、裏手の「イートン・プレイス・ミューズ」のガレージの窓を見上げ、結婚してあそこに住めたら、と夢見ていたのである。ミューズとは、高級タウンハウス通りの裏につらなる別建ての厩舎で、自動車の時代には車庫になり、既婚の男性スタッフが家族と住むための宿舎として使われていた。

しかし恋人を追って転職したのに、夏になると肝心の彼は、ライチョウ狩りの季節のために、雇い主についてスコットランドに行ってしまう。生まれ故郷に近いカントリーハウスに臨時のハウスメイドの職をみつけ、しばらく働くアイリーン。毎日のよ

「ロンドンでなじみの人びと」未使用。1900年代前半。

「さよならのキス」消印は1908年。

「ジェーン、タバコのにおいがするようだけど」
赤いジャケットは陸軍兵。1900年代。

「秋の機動演習」消印は1904年。

「あの子は警官の注目のまと」未使用。20世紀初頭。

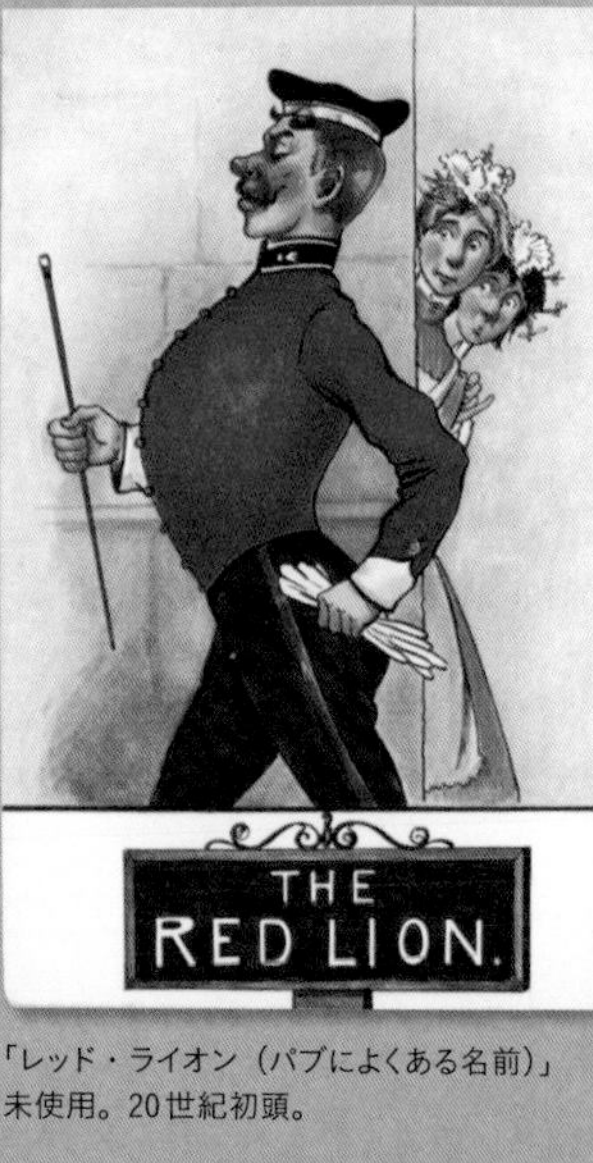

「レッド・ライオン（パブによくある名前）」
未使用。20世紀初頭。

「ジャックが上陸」海兵といえば「ジャック・タール」、陸軍なら「トミー・アトキンズ」、警官なら「ボビー」というお決まりのあだ名がある。消印は1910年。

「のぞきはお断り！　でも何回もキスしてね♥」消印は1915年。

「若き警官の冒険――コックのお気に入り」
消印は1908年。

「お別れにキスひとつ、行く前にもうひとつ、雪の中でもハートはぽかぽか」消印は1907年。

「職務の道はよろこびに通ず」
消印は1908年。

POST CARD

20世紀初めに流行した、恋するメイドたちのコミック・ポストカード。恋人どうしの軽い通信や友人に送るのに使われたようだ。

うに手紙は書いたが、やがて別れの言葉が届く。

「ほんとうにショックでした。ロンドンに戻ったら婚約しようって、将来のこともたくさん話しあっていたのに。（中略）理由？　きっと彼は私よりお似合いの人を見つけたんです。だいぶ年が離れていたから」

恋人を文通でつなぎとめる

アイリーンの長距離恋愛は実らなかったが、数多くのメイドたちが、地元に残してきた恋人を、文通でつなぎとめていた。フローラ・トンプソンは『ラークライズ』で、十九世紀後半のメイドたちの恋をこのように書いている。

「村の若者と婚約している娘も何人かいた。娘が夏の休暇をもらって帰って来たときしか会えないので、交際はもっぱら手紙のやりとりだ。文通とたまの再会という数年の恋愛期間がすぎると彼らは結婚し、ラークライズや近くの村で暮らしはじめる」

フローラが少女時代をすごした村では、まれに夫のいない女性が子どもを産むことがあったという。村の反応は不倫でないかぎり総じて同情的だった。母親たちは自分の娘には貞操《ていそう》を守るよう厳しく説いていたが、もし他家の娘に「結婚を急ぐ必要が生じたとき」——婚前妊娠がわかったときには寛大で、「なるようになっただけ」と受け止められていたという。つまり、きまった相手と長い婚約期間をすごし、子どもができたのを契機に結婚を決意するという慣習が、メイドたちの出てきたような田園地帯では伝統的に行われてきたようである。

愛する人からの手紙を読む。グロスターシャーの写真館で撮影された名刺判写真。おそらく1900年代前半撮影。

都会では農村のようにはいかなかった。妊娠や不品行の結果、紹介状なしに解雇されたら、転職が不利になる。社会保険も未整備な時代、『ラークライズ』で描かれたような寛大なコミュニティもない大都会で、乳飲み子をかかえて職を失えば、確実に困窮していくことになった。そんな未来がよくわかっていて慎重になったのか、田舎よりもロンドンのほうが婚外子の出生率は低かったというデータもある。結果だけ見ると、田舎の女の子は純真で、都会っ子はすすんでいる、という一般的なイメージとは逆になるのが興味深い。

もちろん、多くのメイドは将来が不利になるようなリスクはおかさず、「慎重な交際」を重ねて結婚資金を蓄えていた。貯金、料理、綺麗な服やメイク、そしてときには「不品行」。彼女たちはあらゆる手段を使って、好きな相手を手に入れようとした。もしメイドが雇い主から軽薄に見られていたとしたら、ただ真剣に恋をしていた、それだけのことなのかもしれない。

成人したばかりの頃のサー・ハリー・フェザストンホー（1754〜1846）。「アップパーク」の「赤の応接間」にかかっている肖像画。ポンペオ・バトーニ作、1776年。

column

「身分違いの恋」、伝説と現実

フェザストンホー卿夫人となったメアリー・アン（1805〜74）。正確な年代は不明だが、おそらく19世紀半ば以降、寡婦となってからの写真。

五十歳差のデイリーメイドと結婚した准男爵

自然の成り行きで、雇用主階級と使用人が、結婚やそれに近いフォーマルな関係に至ることも、なかったわけではない。

　ハリー・フェザストンホーは、一七五四年生まれ、一七七四年に二代准男爵の地位と、サセックスの丘に建つ邸宅・アップパークを相続した。彼の青年時代は放蕩のうちにすぎる。エイミー・ライオンという名の鍛冶屋《かじや》の娘を愛人として囲い、晩餐室のテーブルの上でダンスをさせたりもした。彼女はのちにレディ・エマ・ハミルトンとなり、英雄ネルソン提督との不倫で世に知られることになるのだが、それはまた別の話である。

　およそ半世紀の後——老年期をむかえたサー・ハリーは、あるとき庭のテラスにいて、若い娘の歌声を耳にした。声の主は酪農室で働くメアリー・アン・ブロック。デイリーメイドとなった彼女のもとに主人は足しげく通い、ある日、ついにプロポーズする。驚くメアリー・アンに彼は、「今は返事をしないでくれ。もし了承するなら、わたしの夕食のマトンの脚を、一枚スライスしておくれ」と言ったという。果たしてその晩、羊の肉は薄切りにされて出てきたのだった。

　メアリー・アンはサー・ハリーによってフランスに送られ、読み書きや刺繍の淑女教育を受けた。結婚式は一八二五年に行われた。新郎は七十歳をすぎたところ、新婦はまだ二十歳。五十も年がはなれていた。

　絵に描いたような「玉《たま》の輿《こし》」のようにも思えるが、おとぎ話とは違い、そこで終わりにはならなかった。卑しいデイリーメイドだった過去を持つ「レディ・フェザストンホー」はフットマンに嘲笑され、サー・ハリーはその男をクビにした。しかし、家の中ならともかく、社交界の隅々までは主人の威光は及ばない。猟場番に「自分はお

かつてレディーズメイドであったナネット・ホーキンス（?～1827）。夫とのあいだに7人の子どもをもうけた。

コーク・アビーの孤独な准男爵、サー・ヘンリー・ハーパー（後にクルーと改名　1763～1819）。21歳のときの肖像。

ろかな真似をしたのだろうか」と打ち明けることもあったという。

しかし結婚生活はおそらく平穏に続き、サー・ハリーは一八四六年まで生きて、邸宅を含む全財産を妻に遺した。メアリー・アンはサー・ハリーの頃の伝統を守り、狩猟パーティーを開いたり、新婚旅行に邸宅を貸すなど、一部の貴族たちとの交友は保ちながら暮らした。彼女は一八七四年まで生き、遺産は妹のフランセスにわたっている。

レディーズメイドと結婚した孤独な准男爵

メイドを妻にし、領地に隠れるように暮らした准男爵がもうひとり、ダービーシャーのコーク・アビーにもいた。一七八九年、二十五歳のヘンリー・ハーパーは、七代准男爵の位を父から引き継ぎサーとなった。その後、あらゆる社交を拒んで引きこもってしまう。レディーズメイドのナネット・ホーキンスと事実婚状態で同居、やがて一七九二年に結婚する。階級社会の秩序を乱した准男爵夫妻を社交界は拒絶し、彼もまた世間を拒絶していた。その生活ぶりからサー・ヘンリーは「孤独な准男爵」と呼ばれた。「どんな男でも、友人であろうと、使用人であろうと」妻に会うことを許さなかったのだそうだ。

ナネットの人となりをうかがえる手がかりは少なく、その心情は想像するよりほかにない。コーク・アビーの応接間には、淡い色のパステルで描かれた可憐な肖像が飾られている。二人の後継者は孤独ではなく、社交界での活動を再開した。

キッチンメイドと駆け落ちした公爵子息

以上の二例はいずれも准男爵家で、厳密には貴族ではなく地主階級（ジェントリー）に属する。しかし、最高位の貴族である公爵家でも、十九世紀の後半に、いくつかの身分違い婚があったことがわかっている。サマセット公家は、公爵位のなかで、王族をのぞけば二番目に古い叙爵の家柄だ。十二代サマセット公爵の長男であったシーモア伯エドワード・アドルファス・ファーディナンドは、一八六九年、父に先立ち三十四歳の若さで世を去った。その数年前、彼は異国的な美貌をもつキッチンメイドのロジーナ・スワンと駆け落ちして子どもをもうけていた。

十二代公爵が亡くなったときには、孫娘にあたるルースには八万ポンド相当の動産

詩人・法廷弁護士のアーサー・ジョセフ・マンビー（1828～1910）。肉体労働に従事する女性に強い魅力を感じて数多くの写真を撮影した。

ハンナ・カルウィックの肖像写真。汚れた仕事着とブーツ、作業用の厚手のエプロン。手首にはマンビーとの関係を示す革ベルトをつけている。

が、孫息子のハロルドにはデヴォンシャーのニュートン・アボットにある領地と邸宅が贈られた。ルースはのちに社交界にデビューし、ポートランド公爵家の一員と結婚している。ハロルドのほうは、十五代が亡くなったときに公爵位の継承を主張したが、両親の結婚がキリスト教にのっとったものではなかったとして退けられた。一説には叔父のたくらみで結婚証明書が奪われたともいわれている。もし認められていたら、メイドの子どもが公爵になるところであった。

紳士と秘密の結婚をしたジェネラル

一八六三年一月、当時三十歳のハンナ・カルウィックは、キッチンに訪ねてきた同僚の友人から「マンチェスター公爵子息ロバート・モンタギュー卿と、ナースメイドとの結婚」の話を聞いている。自身もナースであった語り手は、同業者の「玉の輿」をうらやんだ。しかしハンナは、「愛、名誉、そして互いに送り合う言葉の方が、財産よりもずっといい」と断言した。

その場では世間知らずな物言いを笑われてしまったが、そういうハンナ自身が、実は中流階級の紳士であったアーサー・マンビーと十年ちかく階級違いの交際を続けてきていたのだから、皮肉というか不思議な状況である。マンビーの方は、また別のルートからロバート卿の噂を聞き、彼が親類縁者からつまはじきにされているらしいという状況を日記に書き残した。しかし卿は政界での活動からは退かなかったらしく、のちに教育相になっている。

十年後の一八七三年に、ためらいと葛藤の末、ハンナとマンビーは秘密の結婚に踏み切ることになる。しかし、ハウスキーパーと主人を装っての同居生活は一八七七年に解消。以後は離れて暮らした。秘密は隠しとおされて、二人の死後に発覚し、世間に大きな衝撃を与えた。

結婚や同棲にいたり、「死が二人を分かつまで」添い遂げた、これらの例はごく少数である。珍しいからこそセンセーションを巻き起こし、あちこちのキッチンや応接間で語られたということだろう。

ラウントリー社のココア。1900年。

無煙石炭ストーブ。「あったかいし、消えないし、汚れない」のでメイドもにっこり？ 1910年。

洗濯ノリと漂白剤（ブルー）。1897年。

万能殺菌・洗浄アンモニアクリーム。1907年。

消化薬。「お父様もお母様もお嬢様も」1900年頃。

ベーキングパウダー。おそらく1900年代。

ガス会社の広告カード。ガスオーブンで料理する。1895年頃。

家具用クリーム。1890年頃の広告だが、
服装は同時代より古くレトロ調。

「脱脂乳でなく、当社の全乳製ミルクがおすすめ」1910年頃。

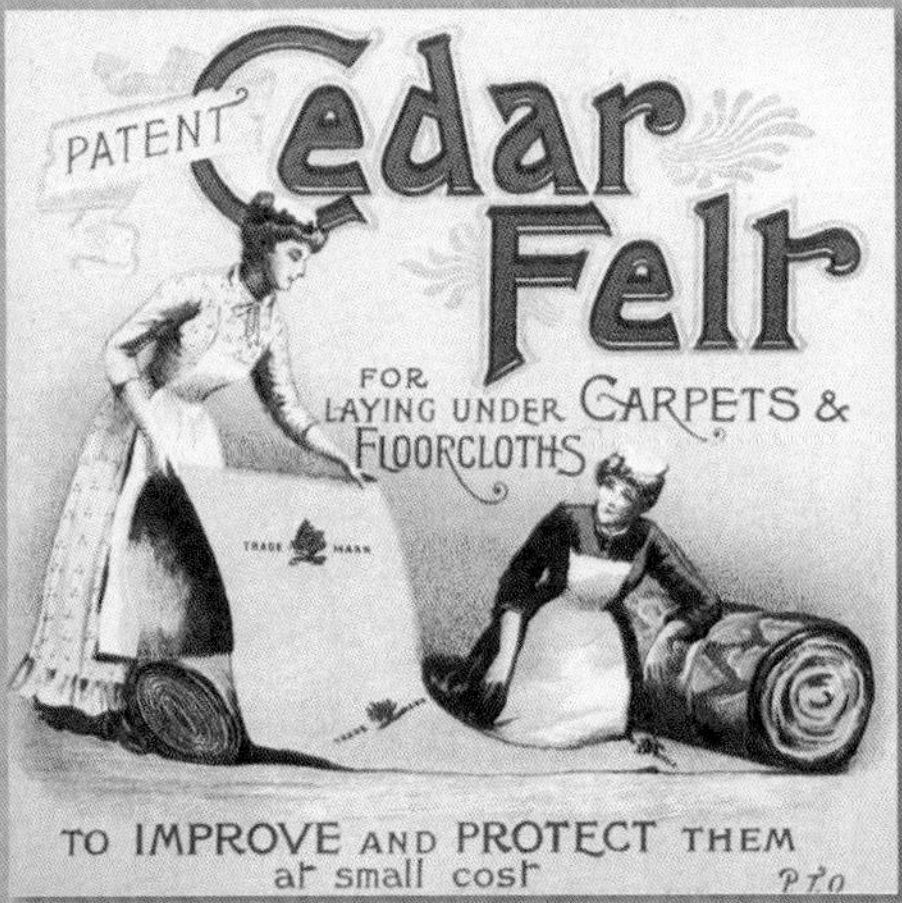

カーペットの下に敷く布。パンフレット、1895年頃。

ADVERTISING

食品や家庭用品の広告の中で、キャンペーンガール風にメイドが微笑む。ファッションは最先端で、汚れも疲れも見えない。主従双方にとって理想の生活を描いたものだろう。

靴墨。1910年頃。

取り外して洗える便利なモップ。
1905年頃。

中央にいるのが女主人のマリオン・サンボーン（1851～1914）。隣は姑、手前に子どもたち。後ろに控えているのはおそらくメイド。1884年の10月、海にて。

第10章 メイドの未来

奥様の悩み——ある中流家庭の場合

リンリー・サンボーンは、親戚の遺産が入って年収が六百五十ポンドに達したとき、マリオン嬢との結婚を決めた。一八七五年、ケンジントンの上等なタウンハウスに、アーティストらしくお洒落な調度品をしつらえて住みはじめる。風刺漫画誌『パンチ』のイラストレーターとして活躍した彼、「リン」の年収は、まもなく二千ポンドを超えた。これは並の地主にも劣らない金額で、いまや立派な上層中流階級である。子どもは二人、室内の使用人は四人。コック、ハウスメイド、ナースメイド、そしてパーラーメイドまたは下級ハウスメイドだった。

妻のマリオンの日記からは、ふさわしい使用人を確保するという女主人の責務に悩まされ続けた様子がうかがえる。新聞広告を出し、面接を繰り返し、紹介状を読み、その内容は前の雇い主に手紙で問い合わせるか、ときには直接会いに行って確認した。ハウスメイドはしょっちゅう変わり、コックは輪をかけていつかなかった。たとえば一八八二年一月、『デイリー・テレグラ

イーゼルに向かうリンリー・サンボーン（1844～1910）。1893年。

気心の知れた使用人と一緒に料理するお嬢様。『ガールズ・オウン・ペーパー』1887年クリスマス号掲載の小説挿絵。

サンボーン邸のあるケンジントンのスタッフォード・テラス。1910年頃。ヴィクトリア時代の内装が保存されており現在では予約制で見学することが可能。

フ』（新聞）にコックの求人広告を送る」が、二日後の結果は「十人の候補者と面接して、見込みがありそうなのは一人だけ」だった。このとき採用したコックは早くも二週間後には問題を起こし、訓戒《くんかい》を与えねばならなかった。そして、その後まもなく辞めてしまった。たまに良いコックがいても結局は失望する羽目になり、同様の手順が数か月おきに繰り返されていた。

使用人が自分から辞めるとき、ふつうは一か月の「辞職予告（ノーティス）」を申し出る。雇用主から辞めさせるときも、重大な規律違反があった場合は即時解雇だが、通常の理由であればやはり一か月の「解雇予告（ノーティス）」が言い渡された。一か月分の給料が渡されてすぐ出て行くか、一か月先まで働くか、どうしても人手が必要なあいだだけ残るかなど、辞職時の手順は状況により異なった。

サンボーン家の歴代パーラーメイドたちは、ほかのスタッフより長く勤め、結婚を理由にやめていった。ハウスメイドよりも高いランクの証として苗字で呼ばれ、一八八三年まではリード、一八八四年にはグローヴスがおり、そして一八八五年から雇ったローレンスは一八八九年まで勤めた。

同僚の言葉遣いが悪いからと退職を申し出るレディーズメイド。そういう彼女も相当な下町なまりで――。『パンチ』1853年5月21日掲載。

登録所に行ったら、不潔で使えなさそうな子がひとりいるだけだった。それでも引く手あまた。『ファン』1880年頃。

奥様のマリオンは「リードと一緒に皿を片付け」したり、「ローレンスと裏庭を整頓」したりしており、中流の奥様が、一番身近にいるメイドと仲良く家事を分担している様子がうかがえる。メイド側の気持ちは知るすべがないが、勤続期間からは満足していたらしいことがわかる。サンボーン家のパーラーメイドは奥様の友人にして相談役であり、上流家庭のレディーズメイドに近い役割を果たしていた。しかし以降は、そこまでの信頼関係を築ける人材が見つからず、マリオンはハウスメイドの下に下級ハウスメイドをつけて間に合わせるしかなくなった。

メイドが見つからない！「使用人問題」

使用人のなり手が不足すること、そして質の良い使用人が減ったような気がすること。これは雇い主たちのあいだで「使用人問題」と呼ばれ、とくにヴィクトリア時代後期以降、新聞や雑誌をにぎわせていた。もちろん、それ以前に問題がなかったわけではないだろう。「近頃のメイドはなってない、昔は良かった」というようなご主人様・奥様の愚痴は、いつの世も繰り返し語られてきた。しかし、十九世紀末における「使用人問題」は、実感はともかくとして統計からも読みとることができるものだ。

一八九〇年代に商務省が行った調査によれば、ロンドンで働く調査対象の室内使用人一八六四名のうち、三十六パーセントが一年以内に職を変えている。職種別で見ると、ロンドンのジェネラル・サーヴァントのうち四十七パーセント、コックは三十三パーセント、ハウスメイドは三十五パーセントが一年たたないうちに辞めた。全体的にはおよそ三人にひとりが、同じ職場で一年以上続かなかったことになる。

「使用人問題」の原因は、奥様たちに言わせるとメイドたち自身である。ふしだらなハウスメイド、反抗的なコックには、当然辞めてもらわねばならない。彼女たちの態度は年々悪くなっている――とくに、学校に行ったり本を読んだりして、余計な知恵をつけてからはさらにひどい。古きよき忠実な使用人はどこに行ったのか。というわけだ。しかしメイドの目から見れば話はまったく違う。これまでの章で見てきたように、寝室は貧相だし、仕事はきついし、時間は長いし、生活態度や服にまで干渉され

床・家具磨き剤の広告。下級のメイドたちは「顔が映るまで」力をこめて磨くことを日々要求された。

るし、休日は少ないし、恋人を嫌な日で見るし……そんなわけで、女主人のほうに大いに問題があるのだった。

女中膝（ハウスメイド・ニー）と呼ばれる職業病

辞職を申し出るとき、よく使われる決まり文句がある。「出世するため（ベター・マイセルフ）」——より良い条件で働きたい、より良い扱いを受けたい、より良い自分になりたい、という願望である。

今より高い給料を求めての転職は、男女の別、勤め先の階級を問わず行われていた。居住環境や食事の内容、ルール、余暇、あるいは奥様や同僚の性格、ただ立地が気に入らないなど、あらゆる不満が「もっと良い所」を求める動機になりえた。

物理的に辞めざるをえないこともある。驚くほど多くのメイドが「最初の職場で病気や怪我をして、実家に戻された」という体験を回想しているのだ。十二歳や十三歳のまだ身体も小さいうちに、ろくな休みもなく毎日十六時間のハードワークにさらされ続ければ、健康をそこねても無理はない。

記録の中に散見されるのは、洗い物の最中に指を怪我して敗血症《はいけつしょう》にかかったというもの。そして、その名も「女中膝（ハウスメイド・ニー）」と呼ばれる職業病だ。現在一般的な病名は「膝蓋滑液嚢炎《しつがいかつえきのうえん》」。膝をついて同じ姿勢で仕事を繰り返すことにより、膝の皿と皮膚の間にある滑液嚢が炎症を起こして腫れる。暖炉掃除や玄関の磨き洗いをする下級のメイドがかかりやすく、これを防止するため、厚地ウールの黒ストッキ

膝をついて暖炉の掃除。汚れよけの敷物やパッドで工夫しても、毎朝同じ体勢をとり続けることになる。

19世紀末に活躍した料理研究家マーシャル夫人の料理学校。予算がなくても見栄えのよいフランス料理を作ることができるよう指導した。

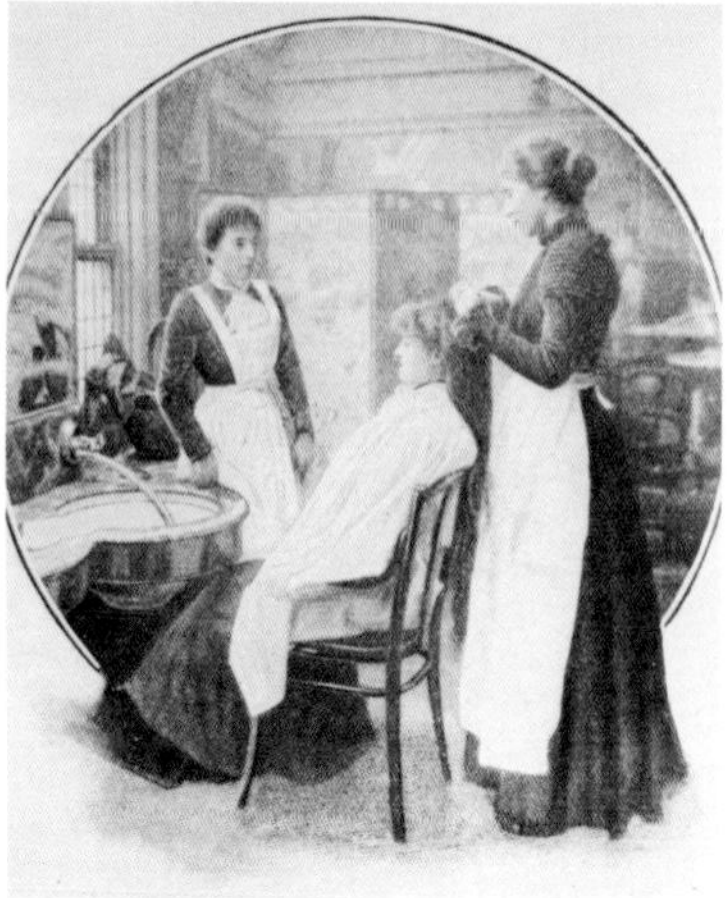

髪結いを習うレディーズメイドの様子。後述のボイス夫人（139頁参照）も、奥様の指示で週2回デパートの「ハーヴェイ・ニコルズ」で同様のレッスンを受けたという。

ングの上に「古いストッキングで作った厚いパッドを縫い付けて」働いた人もいた。ヴァイオレット・リドルは、劇作家バーナード・ショーの家で働いていたとき、この病気にかかり、数週間入院して手術を受ける羽目になっている。

メイドが病気やケガをしたとき、主人には治療費を出す義務はなく、対応はまちまちだった。自分の主治医を呼んだり、みずから看病したりする奥様もいれば、解雇して実家に帰して終わりという家もあった。

技術を身につけて キャリアを極める転職例

今の職場にさして不満がなくても、「自分を高めるため」、すなわち将来もっと高いランクの職種にあがるための手段として、スキルを習得できる職場へ移動することも広く行われていた。ジーン・レニーは、スカラリーメイドからキッチンメイドに一度昇進したものの、上司のコックから別の家に移ってスカラリーからやり直すことを勧められた。素質は十分にあるが、コックに必要な基礎訓練が足りないというのだ。

そのアドバイスには従ったものの、ジーン自身は使用人としてのキャリアなど一刻も早く終わりにしたいと考えていた。大学。事務職。舞台女優、そして作家。いつかは「メイドより良い自分」になることを夢見たジーン。作家の夢は自伝の出版で果たされた。大学にも行き、続編として『キャップとエプロンからキャップとガウンへ』という本も書いている。メイドの制服を脱ぎ、学士のガウンに着替えた経緯を書いたわけである。

マーガレット・パウエルも「結婚して使用人の世界を抜け出すこと」が最大の野望と考えていた。しかし料理の腕を磨き、より良い職場に移ることもまたためらわなかった。あるときスキル不足を感じた彼女は、雇い主の許可を得て午後の休みに料理学校に通うことにする。奥様はケチで「もちろん自費よ」と言われ、見つけた中では一番安かった、一回二シリング六ペンスのグループレッスンを選ぶ。「ムッシュー・リオン」から節約レシピをいくつか教わり、雇い主も満足していたが、フランス人シェフかと思ったら実は経歴詐称の英国人だったことが判明し、技術も疑わしく思えてきたので辞めてしまった。マーガレットにとっては『ビートン夫人の家政書』のレシピと、独学で習得した技術のほうが頼りになったようだ。

その『家政書』のなかで、ビートン夫人はレディーズメイドになるとき身につけておくべき技術として髪結いと仕立てをあげている。ロジーナ・ハリソンは、レディーズメイドをめざすにあたって、無収入の修業期間が続くのを心苦しく思い、ハウスメイドやキッチンメイドなど別の職種から異動できないか母親に聞いてみた。メイドの経験があり、出世の方法を知っていた母の返事はノーだった。

「もし一度コースが決まってしまったら、そこから抜け出すことはできないのよ。いけません。初めから行きたい道へ行かなくちゃ」

肉エキス（スープストック）を商品化したリービッヒ社による料理書、1894年。1860年代頃から分量や手順を明記した実践的レシピ本が数多く出回った。

ロジーナは二年余分に学校へ行ってフランス語を学び、仕立屋の修業を経由して若い令嬢付きメイドから仕事を始めた。

実際には別部署からの転身が成功するケースもあった。ハウスメイドは、お供を連れてこなかった滞在客のレディや、家族の中でも若い令嬢の身の回りの世話を兼ねることを求められる。ナースメイドは担当している幼い子どもが、成長して若い令嬢となってからも、そのまま個人付きで仕え続けることがある。そのような経緯から、雇い主が費用を払ってお気に入りのメイドを美容学校に通わせた記録が残っている。

女性使用人の頂点、ハウスキーパー

女性使用人の頂点は間違いなくハウスキーパーだ。そこに至る道はさまざまあり、部下にあたるハウスメイド頭からの昇進も多いが、コックやナース、レディーズメイドからあがる場合もあった。身分違い婚の伝説の舞台になった邸宅アップパークにも、レディーズメイド出身のハウスキーパーがいた。

サラ・ウェルズは、少女の頃には暮らし

「アップパーク」のハウスキーパーを12年勤めたサラ・ウェルズ。外見と服装は非常にそれらしく見えるのだが。

1874年に姉のメアリー・アンから「アップパーク邸」を相続したフランセス・ブロック（1819～1895）。苗字を変えてミス・フェザストンホーを名乗った。

向きがよく、女学校で中等教育まで受けていた。のちに家が傾いたので、仕立屋で六年ほど修業を積み、一八五〇年からアップパークのレディーズメイドとして働きはじめる。数年働いて退職し、結婚したが、一八八〇年にはハウスキーパーとして呼び戻されている。サラが戻ったアップパークは、「元デイリーメイドの准男爵夫人」メアリー・アンが世を去り、妹のフランセスが引き継いでいた。生い立ちの関係から、フランセスよりもサラのほうが教養があり、二人は出会った当初から友人のような関係を築いていたという。

　仕事の面では、経験もなく部下の統制もできず、サラの息子の自伝によれば「最悪のハウスキーパー」だったそうである。実の母に辛辣《しんらつ》な評価をくだすこの彼は、作家のH・G・ウェルズ。アップパーク邸の使用人区画ですごした少年時代は『トーノ・バンゲイ』などの作品に色濃く反映されている。サラ・ウェルズのその後はというと、実務はほぼハウスメイド頭に奪われて立場をなくし、一八九三年には解雇されてしまう。ただ、その頃には息子が文筆で頭角をあらわしはじめており、余生は暗いものではなかったようだ。

　ロジーナ・ハリソンの記憶によれば、上流のカントリーハウスに勤める上級使用人たちは、限定的で自足した労働マーケットを持っていた。雇い主は友人と、メイドはほかの邸宅の同業者と、密な横のつながりを保ち、口コミと紹介で、良い勤め口、あるいは良い使用人を融通しあった。そのマーケットに外から入っていくのは競争率が高く難しかったが、入り込んで認知されれば、犯罪や不品行で大きく踏み外さない限り、一歩ずつ着実にはしごを上っていけたようだ。

　では、はしごを登る彼女たちの気持ちは？　一番上まで登りつめたとして、その先はどうなるのだろうか。

長年勤めた「忠実な使用人」たち

　キャリアの頂点に達したら、使用人たちは腰を落ち着ける傾向にあった。下級メイドは結婚で辞めるが、上級使用人の多くは独身をつらぬいて仕事に生きた。奥様に信頼されたサンボーン家のパーラーメイドたちは、結婚退職したいと思うまで数年勤めた。ロジーナ・ハリソンは奥様が亡くなるまで三十五年そばにいた。ただし、レディーズメイドは若い方が好まれたので、ロジーナの仕事人生は少し特殊な部類に入る。

　前述の商務省の調査結果（八八頁・一三二頁参照）の示すとおり、職種のランクの高さと、離職率の低さには関連が見られる。もし良い家の上級使用人の座を占められれば、給料はもとより各種の手当ての金額もあがって、ビールやワインはたくさん飲め

マンチェスターの紳士の家で1911年に撮影された写真。「幸せなファミリー」のボードをかかげているのがコックのヘレン・ボードマン。

「アーシィグ」で使用人として働いていたルース・ジョーンズ。引退して娘と一緒に住んでいた。1912年、彼女が90歳のときに撮影。

るし、役得も増え、休みも多くなる。部下たちに汚物は片付けてもらえるし、早朝にはお茶も出してもらえる。特権が増えるほど満足度は高くなり、結婚より仕事を優先してもいい、と思うのも自然な心理だ。

しかし彼女たちの心の満足は、物理的な待遇だけでは説明できない。フローラ・トンプソンの『ラークライズ』には、十一歳で初めての「二流の職場」に出て、勤め先で重宝され、大人になるまで働き続けて最後には養女になってしまったエミーという少女の話が出てくる。雇い主が好きになり、一年をすぎてもとどまりたいと言い出す子はほかにもいたようだ。母親たちは自分の娘たちがそうして「青春を台無しに」するのを快く思っていなかった。

少女雑誌『ガールズ・オウン・ペーパー』は、一八九六年に「私の日々の仕事」というテーマの作文コンテストを開いた。メイドからの投稿が非常に多く寄せられ、優秀作の結果発表とは別に「家事使用人」の記事を設けている。評者は「昨今では、女主人と使用人のあいだには常に悪意が存在していて、ひとつの職場に長く勤める昔かたぎの使用人は死に絶えたと考えるのが流行りのようだ。しかし、寄せられた作文のほとんどが、まったく違う現実を物語っている」という。

「私はジェネラル・サーヴァントで、今の奥様に二十三年仕えています」

「奥様のもとに来たのは二十二年前で、ご子息もお嬢様も今ではすっかり大人ですが、当時はまだ赤ちゃんでした。奥様は、私が気持ちよく過ごせるようあらゆる気遣いをしてくれます」

「シャグバラ」のハウスキーパー（おそらく右端）とハウスメイドたち。リラックスした雰囲気。1926年撮影。

「最初の職場で七年半働いています。奥様はとてもやさしくて、ほんとうの友達です」

「十年働いています。洗いもの、パン焼き、庭仕事をします。奥様はとても親切です」

「この家で過ごした五年間、すごく幸せでした」

「十六歳のときにここへきて、十三年以上になります」

「ハウスキーパーとして今の職場で九年働いています。コテージを建てたので、できれば引退してそこに住む日まで、このままとどまりたいと思っています」


　このハウスキーパーが言うように、老後の安定のために貯金をし、小さな家を買うというのが、キャリアを選んだ彼女たちのひとつの目標だった。気前のいい貴族や地主に仕えることができて、引退後には家賃無料のコテージを与えられ、生活するのに十分な年金をもらい続ける使用人もいた。


「七年いますが、私のおかげで快適だと奥様は言ってくださいます」

「私の奥様はいつもとても親切で、私たち使用人が楽に暮らせるようご配慮いただいています。ここへきて五年になります」

　二百二十二通の使用人からの投稿のうち、大半はこのように長く勤めて満足していることを伝えるもので、女主人を責めるようなものはわずかだったという。気にかけてくれる、感謝してくれる、ということが心の支えになったことがうかがえる。

くすぶる不満の声

　もうひとつの現実——「昨今の流行」であった「使用人問題」について、使用人自身が新聞に投稿した生の声も見てみよう。時代は二十年あまりさかのぼった一八七二年。ロンドンから南に下ったサリー州の日曜紙『サリー・コメット』に載った記事である。

「もしレディたちがもう少しでも思いやりを示してくれたら。使用人も彼らと同じ血と肉でできた存在として扱ってくれたら。そして、明らかに彼らの都合に合わせて創造された動物か何かのように扱わないでくれたら。そうしたらこのサービトンの街に、ここまで不満が蔓延《まんえん》することはなかったはずです……使用人だけでなく、住民全体に広がっています」

使用人たちの声は確かにこの年、激しく紙面をにぎわせており、雇い主側の反論も載っている。「安い賃金で喜んで働く女の子はいくらでもいる、もっと求人告知を徹底しよう」「信仰心の指導が足りないために反抗的な使用人が多いのだ、きちんと毎週教会に行かせるべき」「使用人の賃金は今だって高すぎる」と、こんな調子であり、そして紙面は雇い主寄りの態度だった。

「ブロズワース・ホール」で働いていた若いスティルルーム・メイド。名前や年齢は確認されていない。

「ブロズワース・ホール」のキッチンメイド、ケイト・デイ。一度退職後の1910年、未亡人となって同じ仕事に戻った。

二十年のうちに奥様たちは考えを改めて、やさしくなったのだろうか？……そうなのかもしれない。メディアの違いもあるだろう。『サリー・コメット』は男性も読む日曜紙だが、『ガールズ・オウン・ペーパー』は、「宗教小冊子協会」が発行するお嬢様雑誌。本来の対象読者層は中流女子であり、女主人を厳しく追及するわけにはいかなかったのかもしれない。

メイドの中の階級意識

『サリー・コメット』に投稿した使用人たちは、奥様の態度が差別的で思いやりがないと非難していたが、実のところメイドたち自身もさほど他人のことを言えなかった。とくに使用人階級の最上層である貴族や地主の大邸宅、なかでも上級使用人たちは、主人のよって立つ階級社会の構造を自分たちの中に取り込み、主人と一体化した目で周囲を見ていた。レディーズメイドだったボイス夫人はいう。

「とりわけ勤め口にこだわるハウスメイド、レディーズメイド、フットマンにとって、主人の『育ちのよさ』は必須のポイントでした。古きよきイングランドの貴族は、使用人を宝石のように扱いました。だから、私たちはみんな、まったくもって上流気取り（スノッブ）になりました」

第5章で見たように、使用人ホールの食事のさいには、ランクにしたがって着席し、その順に給仕が行われる。上級と下級のスタッフには深い溝があって、ともすると階上以上に厳格な上下関係が生じていた。大きな邸宅で滞在型のハウスパーティーがあると、ゲストはレディーズメイドや従者、御者などをひきつれてやってくる。彼らは自分の名ではなく、主人の苗字や領地名を階下の通称として互いに呼び合った。そして使用人ホールでの席次も、主人の地位によって決まるのだ。

ある地主の家で働いていたレディーズメイドは、次のように辞職を申し出たという。

「奥様にお仕えして、たいへん満足しておりました。けれど、『ホール』から出て行くとき、いちばん最後になることに、いつもとても傷ついていたんです。ですから、これからは『称号のある』レディか、最低でも『オノラブル（子爵・男爵令嬢）』以上の方にお仕えしたいと思います」――この発言が事実なら、地主の奥様も負けずに傷ついたのではないだろうか。

　世界大戦間近の一九一二年、ある進歩的な女主人が「月に一度、スタッフみんなが使用人ホールに友人を招くことを許したらいいのでは」と提案してみたところ、ハウスキーパーは「上級使用人は下級スタッフの友人や親戚とはかかわりを持ちたくないですから、きっとボイコットされますよ」と一蹴《いっしゅう》した。

　これとよく似たシチュエーションは、一九〇二年頃に書かれたJ・M・バリによる戯曲『あっぱれクライトン』にも描かれている。「急進的」な貴族の主人が、定期的に使用人を交えてパーティーを開くが、話が合わないので楽しくない。階下はありがた迷惑なのだ。

　外の世界との関係において、メイドは全般的に不利な立場だった。田舎では洗練されたお洒落な女の子と見られることもありえたけれど、都会では見下された。一九二〇年代にビトウィーンメイドだった女性はいう。

「自分は使用人だと人に言うのがほんとうに嫌でした。それは不面目なんです。キッチンメイドはとくにそう。パーラーメイドだって言えば、ちょっとはましだったかもしれない」

　マーガレット・パウエルも、あるとき同僚から、もし好きな人ができても自分がメイドだとは絶対に言っちゃ駄目、とアドバイスを受けていた。別の職場で一緒に働いていたパーラーメイドのヒルダは、さらに一歩進んで自分を秘書だと偽っていた。しかし、作業室に彼を連れ込み、いちゃつき始める直前に、無意識にいつもの癖が出て残っていた銀器をテキパキ洗ってしまった。正体がばれて、哀れなヒルダは海軍士官だった彼の兵舎には二度と行かなかったという。

　元キッチンメイドのマーガレットは、その時分にはつらかったかもしれない思い出も、おもしろおかしく脚色して書くことのできる文才を持っていた。何冊も本を出し、テレビタレント的な活躍もした。

姿を消した彼女たち

　若かった日々、懸命に生きた頃のことを振り返ると、存外輝いて見えたりする。カントリーハウスの安定した部署で長く働いた人たちにはとくにその傾向が強いようだ。遠い過去の記憶はあいまいで、事実や時系列があやふやになったりもする。同じ使用人とはいえ、ルールは家ごとにまったく違うため、体験したできごとにも大きなずれがある。けれど、回想によって呼び起こされる感情は、その人にとってのひとつの真実であるだろう。

「私が人生の中でいちばん幸せだったのは、十四歳から二十二歳までの時代です。この年月を私は、イングランドの貴族とジェントリーが衰退しはじめるより以前の、大邸宅ですごすことができたのですから……。このようなお屋敷に住んで、そこにある素晴らしい宝物を眺めたり、さわったりできたのは、特権であったと感じています」
（元ハウスメイド）

　一九四六年。ジーン・レニーは、使用人

レスターシャーの「ノスリー・ホール」にて、雇い主がスコットランドに出かける8月に大掃除をする1930年代のスタッフ。左からスクールルームメイドのフランセス、第三ハウスメイドのペギー、フットマンのチャーリー、ハウスメイド頭のメアリー、第二ハウスメイドのオリーブ。

エドワード時代にはサヴィル男爵の本拠地として華やかな社交の舞台になったノッティンガムシャーの「ラフォード・アビー」。維持しきれなくなり、売却されて1939年からは軍の兵舎に使われた。戦後は放置されて損傷がすすみ、途中まで解体されたが、現在は半ば崩壊した姿のまま公開されている。カントリーハウスの栄華と衰退を伝える存在だ。

のキャリアを終わらせ、教育省で働いていた。職場はロンドンのイートン・スクエアにあり、彼女がかつて地下のキッチンで働いたタウンハウスと、同じような建物を改装したものだった。もうメイドではないので「階下」の通用口ではなく、正面玄関から足を踏み入れる。オフィスとして使うのは、かつて「階上」の人びとの社交が繰り広げられていた応接間だ。ジーンはかすかに背筋が寒くなるような感覚に襲われた。

「書類庫になっている地下に降りてゆくと、物理的に胸が痛んだ——なつかしさのかけらもない痛みだった。（中略）かつて、この暗い地下牢で、長い調理台とぶかっこうなストーブを使って、私や私に似た誰かが、文字どおり汗水流して働いたのだ。『おのれの身の程』を受け入れながら——」

「若い女の子とファイルを探しにきたときには、昔はここで人が働いていたのよ、キッチンとスカラリーがあってね、などと教えてみた。でも彼女たちはまったく信じてくれず、別の生き物をでも見るみたいな目で私を見た。そして震えながら『なんてジメジメしてるんだろう！　ここって幽霊か何かがいるわ』と言うのだ」

「そう、幽霊はここにいた——私はそのひとりだったのだ」

階級社会は今も健在だが、百年前とは様変わりして、なつかしんでも昔のままに戻ってくることはない。ジーンが言っていた「目に見えない妖精」としてのメイドたちは、おそらく「もっと良い自分になるため」に旅立ち、今はその残像が映画の中でひらひらと漂っているのだろう。見えにくかった彼女たちの心のうちを、ほんの少しでも感じ取ることができただろうか。

column

『ダウントン・アビー』に見る「英国メイドの日常」

『ダウントン・アビー』第1シーズンで登場した室内使用人。右から2人目がグエン、その左がアンナ、さらに左へ第1フットマンのトーマス、伯爵の従者ベイツ、ハウスキーパーのヒューズ、執事カーソン、伯爵夫人の侍女オブライエン、第2フットマンのウィリアム。向かって右端の1人と左の3人は名前を呼ばれないハウスメイドで、ドラマの中ではメインキャラクター以外の使用人たちの動きもさりげなく描かれている。

一〇〇年前の「階上」と「階下」を描く大ヒット英国時代ドラマ

『ダウントン・アビー』は、英国ＩＴＶと米国ＰＢＳの制作で二〇一〇年から二〇一六年まで放映されたオリジナルテレビドラマだ。世界的人気を博し、二〇一九年と二〇二二年には劇場版も公開された。二十世紀初頭、ヨークシャーに建つ架空の大邸宅ダウントン・アビーを舞台に、グランサム伯爵クローリー一家の波乱の日々を描く。時代設定は一九一二～一九二八年。タイタニック号沈没事故により、「跡取り男子」のいない三姉妹への相続問題が持ち上がるところから物語は始まる。

『ダウントン』の大きな特徴は、「階上」──伯爵家の人びとだけでなく、「階下」──家事使用人の生活も、同じほどに力を入れて描写していることだ。メイドは主人たちの陰に隠れた脇役ではなく、それぞれに自分の人生を生きる主役として描かれている。一九七〇年代のドラマ『Upstairs Downstairs』や、二〇〇一年の映画『ゴスフォード・パーク』など、先駆となる作品の影響は色濃いものの、近年において世界的に成功したオリジナル作品としては希少

伯爵一家の伝統的な食生活を支えるために、地下のキッチンでは女性料理人、料理助手と複数名のキッチンメイドが忙しく働いている。

キッチンの主である料理人のパットモア（右）とキッチンメイドのデイジー（左）。

な視点だろう。

　まず第1話からして、屋敷の中のシーンは、キッチンメイドがハウスメイドの寝室のドアを叩いて起こす場面から始まる。彼女は上司の料理長に怒鳴りつけられながら調理レンジの手入れをしている。そしてバケツやラグを手にして、質素な裏階段をのぼり、「緑のベーズのドア」を開いて「表側の部屋」に入っていく。カメラは使用人たちの動きに背後からぴったりと寄り添って、その仕事ぶりを手際よくとらえていく。昨夜に使われたらしいシャンパングラスを銀の盆で回収するフットマンは高慢そう。ハウスメイドたちは大きな窓の木製のシャッターを開いて朝の光を入れる。チリンチリンと鳴る鍵束の音を先触れに、家政婦長（ハウスキーパー）が姿を現す……と、ほんの数分の冒頭シーンを見るだけで、本書がこれまで依拠してきたような歴史資料や口述記録を縦横に駆使して映像化していることがわかる。

　歴史上の有名人や大事件は折々に出てくるが、あくまで家族の年表にしおりをはさむような役割にとどまり、中心となるのは架空の伯爵一家と家事使用人の生活だ。それでも時代が移り変われば、外の「空気」は伝統的地主貴族の館にも入り込んでくる。

第2シーズンより、左からハウスキーパー、伯爵夫人の侍女、午後の制服を着たハウスメイドたち。メイドのキャップはそろっているが、制服とエプロンはよく見ると少しずつ違う。当時の習慣にしたがい、それぞれ自分たちで用意していることの表現だろう。

ハウスメイド長アンナ（左）と新入りのエセル（中央）。メイドは全員、長い髪をシニョンにまとめ、上から小さなレースのキャップを留めている。史実においても、下級のメイドが前髪を切り下げにすることを嫌がる女主人は多かったようだ。

第一次世界大戦やスペイン風邪のパンデミックなどの影響は階級を問わずに襲いかかり、伯爵令嬢たちは髪を切って丈の短いスカートやパンツをはくようになり、領地運営の不安、使用人の人手不足、社会をくつがえす進歩思想がひたひたと忍び寄る。シーズンを重ねるうちに、階上では結婚で称号が変わり、階下では昇進で職名が変わり、時代の流行でドレスも制服も刻々と変化していった。

ここでは『ダウントン・アビー』で描かれた英国メイドの仕事、日常、制服と人生についてみていきたい。

ハウスメイドの立身出世〜アンナとグエン

作中「メイド」キャラクターの代表といえば、まずハウスメイド長のアンナである。第1話、一九一二年四月のとある朝、六時に起こされた彼女は、緑色の「プリント地の午前用制服」、シンプルな白いキャップとエプロンで仕事を始める。午後になると「黒いドレス」の上に、レースで華やかに飾られたエプロンをつけ、フリルでできた小さなキャップを頭の後ろのほうに留めて、客や主人の前に出ていった。この初期シーズンの制服は、全体的に身体にぴったりしていて、エプロンには糊がきいている。いかにもきゅうくつそうで、ヴィクトリア時代の名残を感じさせるシルエットである。しかし第3シーズンの一九二〇年から、午後用制服は、緑の模様入りという意匠は踏襲しながら、胸にダブルボタンをあしらった、少しゆったりした形に一新される。午後用の黒い制服も、レースの立ち襟は本体と共布の柔らかいフラットカラーに、エプロンは小さく薄く、肩ひもがなく胸あてをピンで留めるタイプに変わっている。

第1シーズンの午後用制服を着たアンナ。肩からひじにかけてわずかにボリュームがあり、エプロンは装飾的なV字型。1919年が舞台の第2シーズンまでこのタイプだった。

1920年の設定である第3シーズン以降、大きくモデルチェンジしたハウスメイドの午後用制服。袖の形はシンプルに、襟も平らになった。

　一九二〇年代のメイドキャップは、実際には黒いリボンを通したヘアバンド状のものを、ほとんど前額部にぴったりとくっつけるように着用するのが流行していた（七五頁右上参照）。この時代の令嬢たちのティアラやヘッドバンドの流行を追った形である。しかし二〇一四年の副読本『ダウントン・アビーの一年（A Year in the Life of the Downton Abbey）』によれば、「パスティーシュのように見えてしまう」ことを避けるために、やや後ろに傾ける着け方をしているのだという。

　アンナは階下のヒロインともいうべき立ち位置で、物語を通じて過酷な運命に翻弄されていく。しかし、そんな激動のストーリーを脇に置いて、メイドの仕事だけに的を絞れば、なかなかに順調な出世の道をたどったといえるかもしれない。登場時はメイド長（ヘッド・ハウスメイド）という肩書だったが、シーズンが進むにしたがって若い令嬢付きメイド（ヤング・レディーズ・メイド）を兼任して経験を積んでいく。そして第3シーズンの途中からは正式な既婚夫人付きの侍女（レディーズ・メイド）として扱われるようになった。

　彼女のキャリアの道筋には、自伝『おだまり、ローズ』を書いたロジーナ・ハリソン（二一頁、七七頁参照）を思わせるところがある。ロジーナが出世したとき「プリント地の服はもう着ません」と言ったように、ダウントンのアンナも、侍女になったのをきっかけにハウスメイドの制服、エプロン、キャップを抜け出し、黒い私服を着

既婚女性付きの「正式な侍女」になり、私服に変わったアンナ。侍女の職は本来なら姓で呼ばれるはずだが、夫が同じ職場にいてまぎらわしいため、引き続き下の名前で呼ばれ続けることに……というドラマ視聴者にやさしい「設定」。

右は料理助手になったデイジー、左は第3シーズンの午後用制服を着たアンナ。以前と比べると髪をまとめる位置が低くなり、キャップは前寄りにつけているのがわかる。

るようになる。また、侍女や令嬢付きメイドの役得といえば女主人の着古した服をもらえることだ。ドラマの中では詳しい説明は省かれているが、注意深く見ていくと、令嬢のメアリーが過去に着ていた服を、のちにアンナが「晴れ着」として使っていることが確認できる。

第1シーズンでアンナと組んで働いていたハウスメイドのグエンは、秘書になることを願って準備していた。発想の源は一九五五年に回想録を発表したジーン・レニー（四一頁、一三四頁参照）だろうか。ジーンは一九二〇年代にハウスメイドや料理人の道を歩んだ。けれど使用人の仕事は初めから嫌で、事務員、歌手、女優や小説家を目指してあらゆるチャンスに飛びついたものの、どの道もうまくいかなかった。一方でダウントンのグエンは、伯爵家の三女シビルの力添えを得て転職に成功する。そして最終的には階級のはしごを上がり、第6シーズンで再登場したときには「表の部屋」の客として屋敷に迎えられることになった。

アンナが家事使用人の世界の枠内で順当な成功を収めたのだとすれば、階級の壁ごと乗り越えて去ったのがグエン。物語のスタート地点で寝室を分け合っていたハウスメイド二人の道は、時代と運——あるいはフィクションのさじ加減によって分かれたのである。

追放される異分子～エセルの場合

使用人の職を卒業していったグエンのあとを埋めるように第2シーズンで雇われた新人ハウスメイドのエセルは、前任者と対照的な形で館を去ることになる。彼女は登場するなり上司のメイド長アンナの指導に反発し、階上の家族に出されるデザートの「クレープ・シュゼット」を食べたがり、年上世代の考え方を馬鹿にし、「使用人以上のものになりたい」と公言して、階下の使用人メンバーに波風を立てる。しかしほどなくして階級違いの将校との不品行を家政婦長ヒューズに見つかって解雇されてしまう。階級上昇に失敗した彼女は子どもを養えず、次のシーズンで再登場したときには生活のため売春をしていた。

1922年が舞台の第4シーズンの女性使用人たち。アンナの隣に立っているのは、伯爵夫人コーラ付き侍女のバクスター。

まるで「身分不相応」な扱いを望んだ罰を受けるかのように、当時の少女たちが家庭や学校できつく戒められていた「悪徳」への道を、彼女は一直線に「転落」していった。このエセルのエピソードからは、一九二〇年代にキッチンで働いていたマーガレット・パウエル（一二三頁、一一八頁参照）が目撃した同僚の妊娠・解雇事件を連想する。

第3シーズンで再登場したエセルは、伯爵家の遠縁イザベル・クローリーの援助を受け入れ、職歴を立て直すため、彼女の家でしばし料理人として働く。ダウントン時代とは異なる地味で簡素な装い。

『ダウントン・アビー』の世界を、豪華で美しく、気品にあふれた、ゆるぎないものであってほしいと考える人にとっては、エセルのように「身の程知らず」なメイドなど、夢の国のルールを破る異分子でしかないのかもしれない。けれど、いくらドラマの中では、腹立たしい人物が起こした自業自得の顛末として描かれているとしても、現実に目を向ければ――おそらく当時は、誰の身にも起こりえた、めずらしくもない悲劇であったはずだ。

エセルのキャラクターには、第一次世界大戦を通過した世代の、意識の変化が反映されている。自分は今よりもっとましな扱いを受けるべきだ――身分の低い使用人だからといって見下されるのは我慢ならない。しかし『ダウントン・アビー』の劇中では、そのような態度の女性たちは、まず創造者の手で「生意気」な「外敵」の鋳型にはめ込まれがちだ。第4シーズンで、策略と嘘をためらいなく使って紳士の妻の座に納まろうとした侍女のエドナも似た役回りだろう。自分が階下の使用人で、階上の貴族でないのは、不公平な世界のほうが間違っているからだ。体当たりで抗議する（そして失望に打ち砕かれる）彼女たちのことを、個人的には嫌いになれない。

このシリーズの原案・脚本家のジュリアン・フェローズは、上流階級とつながりのある家に生まれ、伯爵の姪と結婚した一代貴族の上院議員である。幼少期の思い出や親戚・家族から聞き取ったエピソードをちりばめて、真に迫った貴族の暮らしぶりを描けることには定評がある。本物のロケーションを使い、幅広い背景・属性を持つキャラクターを次々と登場させ、多様な視点で書いているように見えても、ドラマはドキュメンタリーではない。フェローズ卿の箱庭世界の「中央値」は巧妙にずらされている。

キッチンの人生模様〜デイジー

『ダウントン・アビー』の主な撮影場所は、ハンプシャーに建つカーナーヴォン伯爵の住まい「ハイクレア・カースル」だ。劇中のグランサム伯爵一家が図書室、ホール、正餐室などで過ごす場面は、実際に現在も貴族が暮らす大邸宅で撮られている。しかし、その裏側（の地下）で使用人たちが働く場所は、同じ建物ではなく、ロンドン郊外のイーリング・スタジオにセットを組んで撮影された。制作者たちは英国各地の屋敷に残る使用人区画からインスピレーションを得て、物語に都合の良い理想の環境を作り出したという。モデルのひとつはリー

キッチンメイドのデイジー。第一次世界大戦中の1916年に始まったシーズン2の姿。赤系のストライプ柄が入った半袖の服に、スカートを覆う質素なエプロンをつけている。

ズ近くにある伯爵邸「ハーウッド・ハウス」のキッチンで、見比べると確かに雰囲気が似ている。

　大きな木製の調理台が中央に鎮座し、一方の壁には黒光りする鋳鉄の調理レンジがはめ込まれている。天井の高さを感じさせる大きな窓とシンクがあり、壁際には美しく磨き立てられた銅の計量容器やプディング型がずらりと並んでいる。細やかに再現された「ダウントン・アビー」のキッチンを舞台に、作中時間の十七年を通じて、キッチンメイドのデイジーの仕事、人生、恋が描かれた。

　一九一二年のデイジーは、ピンク色の制服に少し汚れた厚手のエプロンをつけて現れる。本書の第6章でメイドが女主人からクリスマスに贈られていた「おぞましいロブスター色」とはこれだったかと思わせる可愛らしい色で、幼さの残る彼女によく似合っている。髪はまとめているものの、帽子はかぶっておらず、ハウスメイドの制服と比べると袖が短い。蒸し暑い職場での汚れ仕事をするには、なりふり構っていられないという理由付け、あるいはメインキャラクターとして目立たせるための表現だろう。雇い主の前に出る機会がほぼないのでフォーマルに装う必要もない。しかし、第

2シーズンの終わりに昇進を要求して「月七シリング」の昇給を認められ、唯一の「料理助手」になった第3シーズン以降のデイジーは、主としてグレーの服に白いキャップとエプロンをつけるようになる。

使用人の回想録の中には、上級職に昇進するにつれてキャップなどの「隷属のしるし」を身につけなくてもよい自由を得ていったという発言も多い。しかしデイジーの場合はその逆であり、キャラクターとして大人になったこと、下働きの少女がプロフェッショナルな料理人に近づいたことのしるしとして外見のイメージを変化させたと思われる。

第3シーズンで料理助手となったデイジー（左）と、ブルーのギンガムチェックの制服を着た新人キッチンメイドのアイビー（右）。第2シーズンのクリスマススペシャルで、伯爵夫人はデイジーに緑のギンガムチェック、アンナに花柄の布を贈っていた。

毎日のように長い時間を地下のキッチンで過ごし、顔を合わせる男性といえば納入業者か郵便配達人か同僚のフットマンくらい。シーズンを追うごとに次々と出入りするハンサムな若いフットマンたちのことを、デイジーはしょっちゅう好きになり、恋する相手には振られ、恋していない相手からは求婚され、戦争に送り出しもした。デイジーたちの私生活には、大勢の元メイドが残した回想や口述記録の断片がちりばめられている。

『ダウントン・アビー』の全6シーズンと劇場版のすべてに登場した彼女は、周囲の影響を受けやすく流されやすい人物として描かれてきた。特に高潔というわけでもない。かといって悪意から人を陥れるようなこともしない。素直で平凡な女性である。多くの登場人物が同時進行で織りなす群像劇の中で、彼女のエピソードが始まると、マーガレット・パウエルやジーン・レニーやロジーナ・ハリソンの本を読むときと同じような感情が湧いてくる。主人たちから名前も覚えられず、姿を見せるなと言われて隅から隅へと追い立てられていた彼女が、やがて料理のスキルと知識を身につけ、失敗を繰り返しながら、自信と奥行きを増していくさまを見守ってきた。

ドラマはドキュメンタリーではないし、フィクションのさじ加減は彼女にも働いている。それでも、まるでずっと昔に本当にこんな女の子がいたような――今は遠くに住んでいる友人を見るような――そんな錯覚を抱いてしまうのだ。

料理長の右腕として働くデイジー。1924年が舞台の第5シーズンでは、学校の勉強を学び直して試験を受ける展開に。料理の仕事もダウントンも辞めたい気持ちはないが、少しずつ自分の世界を広げている。

「ダウントン・アビー」全6シーズン　ブルーレイ＆DVDリリース中　発売・販売元：NBC ユニバーサル・エンターテイメント
　TVシリーズ公式サイト　http://downtonabbey-tv.jp

著者	書名	出版社	出版年
Waterfield, Giles and French, Ann and Craske, Matthew	Below Stairs: 400 years of servant's portraits	National Portrait Gallery Publications	2003
Waterson, Merlin	The Servant's Hall: A Domestic History of Erddig	Routledge & Kegan Paul	1980
Wilson, C. Anne	Eating with the Victorians	Sutton Publishing	2004
	Cassell's book of the household	Cassell and Co.	1880-1890
	Sixpenny Wonderfuls	Chatto & Windus, The Hogarth Press	1985
	Rufford Past and Present	Nottinghamshire Country Council	2000
	Linley Sambourne House	The Royal Borough of Kensington and Chelsea	2003
	Calke Abbey	The National Trust	1990
	Dunham Massey	The National Trust	2000
	Erddig	The National Trust	2001
	Petworth House	The National Trust	2005
	Petworth The Servant's Quarters	The National Trust	2000
	Uppark	The National Trust	1995
岩田託子　川端有子	英国レディになる方法	河出書房新社	2004
ハンフリー・カーペンター マリ・プリチャード　神宮輝夫監訳	オックスフォード世界児童文学百科	原書房	1999
川本静子	ガヴァネス（女家庭教師）	中央公論社	1994
マーク・ジルアード　森静子・ヒューズ訳	英国のカントリー・ハウス　上・下	住まいの図書館出版局	1989
杉野芳子 編著	図解服飾用語事典 改訂版第4版	杉野学園	1993
高橋裕子　高橋達史	ヴィクトリア朝万華鏡	新潮社	1993
滝内大三	女性・仕事・教育―イギリス女性教育の近現代史	晃洋書房	2008
谷田博幸	図説　ヴィクトリア朝百貨事典	河出書房新社	2001
長島伸一	世紀末までの大英帝国	法政大学出版局	1987
ノーマン&ジーン・マッケンジー　村松仙太郎訳	時の旅人　H.G.ウェルズの生涯	早川書房	1978
松塚俊三	歴史のなかの教師	山川出版社	2001
村岡健次　川北稔編著	イギリス近代史［改訂版］	ミネルヴァ書房	2003
村岡健次	近代イギリスの社会と文化	ミネルヴァ書房	2002
森護	英国の貴族　遅れてきた公爵	大修館書店	1987
アリス・レントン　河村貞枝訳	歴史のなかのガヴァネス	高科書店	1998
度会好一	ヴィクトリア朝の性と結婚	中央公論社	1997
新井潤美監修・解説	ファン誌選集コレクション	エディション・シナプス	2010
川端有子監修・解説	ガールズ・オウン・ペーパー	ユーリカ・プレス	2006
小池滋編	ヴィクトリアン・パンチ	柏書房	1995
小林章夫編集・解説	ブリティッシュ・サーヴァント	ユーリカ・プレス	2006
松村昌家監修	The Graphic : An Illustrated Weekly Newspaper	本の友社	1999-2006

あとがき

英国のヴィクトリア時代に関するガイド記事を書いたり、「考証」というごたいそうな肩書きでアニメーション作品にかかわるようになって、八年ほどになります。過去の人びとの生活文化について考え始めると、生まれる問いには果てがありません。何を着て何を食べて、どんな家に住んで何を考えて暮らしていたのか。生活を知りたいということは、世界全体を知りたいというのと同じようなことなのかもしれません。

　ばらばらにあふれる情報の中で、いつも私の目をとらえるのは、主役よりも脇役、男性より女性、大人より子ども、お嬢様よりメイド、いつも中心よりちょっと外側にいるような人たちです。彼女たちを軸にした本を作ることができて幸せです。

　この本を書くきっかけとなった出会いをくださった川端有子先生。図版や英文にアドバイスをくださった岩田託子先生。英国のメイドに関する調べものを始めたばかりの頃、初心者の私に広い世界を教えてくれた森薫さん。編集者の村松恭子さん。執筆中、プレッシャーに負けそうになるたびに、皆さんの笑顔を思い出して乗り切りました。ほんとうにありがとうございました。そして、いつも無茶なスケジュールの英国取材につきあってくれて、書いたばかりの原稿を真っ先に読んでくれる岡本賢一さんに感謝の意を伝えたいと思います。

二〇一一年三月某日　村上リコ

参考文献

著者	書名	出版社	出版年
Adburgham, Alison	Victorian Shopping Harrod's 1895 Catalogue	ST. MARTINS PRESS	1972
Adburgham, Alison	Yesterday's Shopping The Army & Navy Stores Catalogue 1907	David & Charles	1969
Balderson, Eileen and Goodlad, Douglas	Backstairs Life in a Country House	David & Charles	1982
Bankes, Viola and Watkin, Pamela	A Kingston Lacy Childhood	The Dovecote Press	1986
Baren, Maurice	Victorian Shopping	Michael O'mara Books	1998
Beetham, Margaret and Boardman, Kay	Victorian Women's Magazines	Manchester University Press	2001
Beeton, Mrs and Humble, Nicola	Mrs Beeton's Book of Household Management	Oxford University Press	2000
Burnet, John	Useful Toil	Routledge	1994
Connor, Chris	Miller's Postcards: A Collector's Guide	Octopus Publishing	2000
Cunnington, Phillis	Costume of Household Servants From the Middle Ages to 1900	Barnes & Noble	1900
Davies, Jennifer	The Victorian Kitchen	BBC Books	1991
邦訳：ジェニファー・デイヴィーズ　白井義昭訳	英国ヴィクトリア朝のキッチン	彩流社	1998
Dawes, Frank	Not in Front of the Servants	Taplinger Publishing Company	1974
Ewing, Elizabeth	Women in Uniform through the centuries	B. T. Batsford	1975
Farrance, Sheila M. and Bennett, Jacqueline A.	Memories of a Village Rectory	Spellmount	1983
Flanders, Judith	The Victorian House	Harper Perennial	2004
Fudge, Dorothy	Sands of Time	Word And Action (Dorset)	1981
Gardiner, Juliet	Manor House, Life in an Edwardian Country House	Bay Books	2003
Gerard, Jessica	Country House Life: Family and Servants, 1815-1914	Blackwell	1994
Gorst, Frederick John and Andrews, Beth	of Carriages and Kings	Thomas Y. Crowell	1956
Harrison, Rosina	ROSE: My Life in Service	The Viking Press	1975
Hartcup, Adeline	Below Stairs in the Great Country Houses	Sidgwick and Jackson	1980
Horn, Pamela	Life Below Stairs in the 20th Century	Sutton Publishing	2003
Horn, Pamela	Life in the Victorian Country House	Shire Publications	2010
Horn, Pamela	The Rise and Fall of the Victorian Servant	Sutton Publishing	1998
邦訳：パメラ・ホーン　子安雅博訳	ヴィクトリアン・サーヴァント	英宝社	2005
Huggett, Frank E.	Life Below Stairs	John Murrey	1977
Jubb, Michael	Cocoa & Corsets	HMSO Publications	1984
Lambert, Anthony J.	Victorian and Edwardian Country-House Life from old photographs	B. T. Batsford	1981
Larsen, Ruth M.	Maids & Mistresses	The Yorkshire Country House Partnership	2004
Laurie, Kedrun	Cricketer Preferred: Estate Workers at Lyme Park 1898-1946	the Lyme Park Joint Committee	1979
Liddle, Violet and Batchelor, Mary	Serving the Good and the Great	ZONDERVAN	2004
Llewelyn Davies, Margaret	Life As We Have Known It	VIRAGO	1977
Marlow, Sylvia	Winifred	Ex Libris Press	1993
邦訳：シルヴィア・マーロウ　徳岡孝夫訳	イギリスのある女中の生涯	草思社	1994
May, Trevor	The Victorian Domestic Servant	Shire Publications	2002
McBride, Theresa M.	The Domestic Revolution	Croom Helm	1976
Meade-Featherstonhaugh, Margaret and Warner, Oliver	Uppark and Its People	Century	1988
Miall, Antony & Peter	The Victorian Nursery Book	Dent	1980
Mullins, Samuel and Griffiths ,Gareth	Cap and Apron: an oral history of domestic dervice in the Shires, 1880-1950	Leicestershire Museums, Arts & Records Service	1986
Nicholson, Shirley	A Victorian Household	Sutton Publishing	1998
Opie, Robert	Rule Britannia Trading on the British Image	Viking	1985
Opie, Robert	The Edwardian Scrapbook	pi global publishing	2002
Opie, Robert	The Victorian Scrapbook	pi global publishing	1999
Pink, John	Country Girls Preferred	JRP	1998
Powell, Margaret	Below Stairs	Dodd, Mead & Company	1968
Rennie, Jean	Every Other Sunday	St Martin's Press	1955
Sambrook, Pamela	Keeping Their Place	Sutton Publishing	2005
Sambrook, Pamela A.	The Country House Servant	Sutton Publishing	1999
Sambrook, Pamela A. and Brears, Peter	The Country House Kitchen 1650-1900	Sutton Publishing	1997
Slingsby Smith, Nina	George, Memoirs of a Gentleman's Gentleman	Century	1986
Stanley, Liz	The Diaries of Hannah Cullwick, Victorian Maidservant	VIRAGO PRESS	1984
Streatfield, Noel	The Day Before Yesterday	Collins	1956
Stuart, Dorothy Margaret	The English Abigail	Macmillan & Co.	1946
Thompson, Flora	Lark Rise to Candleford	Penguin Books	2008
邦訳：フローラ・トンプソン　石田 英子訳	ラークライズ	朔北社	2008
Turner, E. S.	What The Butler Saw	Penguin Books	2001
Veysey, Geoffrey	Phillip Yorke-Last Squire of Erddig	Bridge Books	2005
Walkley, Christina	The Way to Wear'em 150 Years of Punch on Fashion	Peter Owen	1985

◉著者略歴

村上リコ（むらかみ・りこ）

文筆・翻訳家。東京外語大卒、千葉県生まれ。一九世紀から二〇世紀初頭のイギリスの日常生活、特に家事使用人、女性と子どもの生活文化をテーマとして活動している。「英國戀物語エマ」「黒執事」などアニメーション、コミックのアドバイザーも務める。

著書に『図説 英国執事』『図説 英国貴族の令嬢』『図説 英国社交界ガイド』『図説 ヴィクトリア女王の生涯』。翻訳にマーガレット・パウエル『英国メイド マーガレットの回想』（以上河出書房新社）、トレヴァー・ヨーク『図説 イングランドのお屋敷』『図説 英国のインテリア史』（以上 マール社）、アニー・グレイ『ミセス・クロウコムに学ぶ ヴィクトリア朝クッキング』（ホビージャパン）など。

ブログ https://murakamirico.blogspot.com/
twitter https://twitter.com/murakamirico

ふくろうの本

増補版
図説 英国メイドの日常

二〇一一年 四 月三〇日初版発行
二〇一八年 五 月三〇日新装版初版発行
二〇二三年 一 月二〇日増補版初版印刷
二〇二三年 一 月三〇日増補版初版発行

著者……村上リコ
装幀・デザイン……高木善彦
発行者……小野寺優
発行……株式会社河出書房新社
〒一五一-〇〇五一
東京都渋谷区千駄ヶ谷二-三二-二
電話 〇三-三四〇四-一二〇一（営業）
〇三-三四〇四-八六一一（編集）
https://www.kawade.co.jp/
印刷……大日本印刷株式会社
製本……加藤製本株式会社

Printed in Japan
ISBN978-4-309-76322-4
落丁本・乱丁本はお取り替えいたします。